JN411090

Seize the Day 씨즈더데이

人生苦短，做自己最好

作者：黄桐

Seize the Day

씨즈더데이

황퉁 지음 _ 홍민경 옮김

순천향대학교출판부

옮긴이 _ 홍민경

숙명여자대학교 중문과와 이화여자대학교 통번역대학원 한중번역학과 석사과정을 이수했다. 타이완 정치대학교에서 수학했고, 현재 번역 에이전시 ㈜엔터스코리아에서 출판기획 및 전문 번역가로 활동하고 있다. 옮긴 책으로는 『똑똑한 리더의 손자병법』, 『반생연』, 『CEO가 원하는 능동형 인간』, 『심리학 산책』, 『실연 33일』, 『생중계, 중국을 논하다』, 『예술, 평범을 거부하다』 등이 있다.

Seize the Day 씨즈더데이

초판 1쇄 찍은날 2013년 5월 2일
초판 1쇄 펴낸날 2013년 5월 6일

지은이 황 퉁
옮긴이 홍민경
펴낸이 서교일
펴낸곳 순천향대학교출판부
336-745 충남 아산시 신창면 순천향로 22
tel. 041 530 3047 fax. 041 530 3048
e-mail. schbooks@sch.ac.kr

출판등록 2010년 6월 14일 제251-2010-5호
ISBN 978-89-97560-07-3 03820
값 13,000원

책머리에

인생은 남의 입이 아니라 내 손에 달려 있다

한동안 어른들의 장난감, 레고에 흠뻑 빠져 지낸 적이 있다. 엄청난 크기의 포장 상자를 열면 천 개는 넘을 듯한 레고 블록이 쏟아져나온다. 대부분 내 손톱보다도 작다. 설명서를 보며 하나하나 정해진 위치에 끼워맞추다 보면 어수선하게 흩어져 있던 블록들이 어느덧 화려한 성이 되고, 거대한 해적선이 되고, 영화 〈스타워즈〉의 무대가 되었다. 완성하기까지 어마어마한 인내심이 필요했지만, 성취감도 느껴지고 어린 시절로 돌아간 것 같은 착각마저 들었다.

문득 우리 인생에도 이런 '설명서'가 있으면 좋겠다는 생각이 들었다. 설명서대로만 따라하면 실패 확률 제로의 꿈을 이룰 수 있으니 얼마나 좋을까? 다만 이렇게 정해진 대로 사는 인생이 과연 재미있을지는 의문이다. 레고를 조립하듯 정해진 틀에 맞춰 인생을 살다 보면 너무 무미건조하지 않을까?

사실 이런 생각을 하는 자체도 웃기다. 우리 인생에는 맞춤형 설명서가 있을 수 없기 때문이다. 그럼에도 사람들은 인생에는 따라 할 가치가 있고, 복제가 가능한 성공 모델이 반드시 있어야 한다고 여긴다. 그래야만 돈, 명예, 권력을 얻기 위해 끊임없이 자신을 채찍질할 수 있기 때문이다. 부모들 역시 자식에게 의사나 변호사처럼 '사'자 들어가는 직업을 강요할 명분이 생긴다. 마치 그런 성공 모델을 그대로 따라 해야 행복의 보증수표를 얻을 수 있는 것처럼 말이다. 하지만 다 이룬 것 같은 그때에도 깊은 밤 혼자 남겨진 시간이 되면 마음속에 문득 이런 생각이 들지도 모른다. '나는 누구지? 내가 지금 어디로 가고 있는 거지?'

딱정벌레 한 마리가 지네를 붙잡고 물었다.

"나 너무 궁금한 게 있어. 너는 다리가 그렇게 많은데 어떻게 한 번도 엉키지 않고 걸어갈 수 있니?"

순간 지네는 한 번도 생각해보지 못한 질문에 당황

했다.

'내가 어떻게 걸었더라?'

그날부터 지네는 자기가 어떻게 엉키지 않고 걸을 수 있는지 그 답을 찾기 위해 다리를 하나하나 따로 움직이며 분석하기 시작했다. 그런데 걸음걸이를 지나치게 의식하다 보니 걸으면 걸을수록 다리가 꼬였다. 점점 자기가 그동안 어떻게 걸었는지조차 헷갈려 결국 그 자리에 털썩 주저앉고 말았다.

우리 역시 지네와 다르지 않다. 자신이 누구인지를 잊는 순간 그 대가를 치러야 하기 때문이다. 그런데 우리가 어떻게 걷는지조차 잊어버린 후에도 누군가 계속 방향을 지시하며 걸으라고 강요한다면 얼마나 끔찍할까?

어릴 때 나는 말 잘 듣는 착한 아이가 아니었다. 교과서보다 만화책이나 소설 읽기를 좋아했고, 수업시간에도 창밖을 보며 공상에 잠겼다. 이런 증상은 성인이 되어서도 달라지지 않았다. 가난하고, 위험하고, 지저분하다는 이유로 다들 꺼리는 나라로 여행 가기를 즐기고, 누구나 부러워하는 직장을 때려치우고 프리랜서 작가가 되겠다고 선언해 모두를 깜짝 놀라게 했다.

덕분에 나는 지금까지 '이상한 일'을 벌일 때마다 나를 사랑하는 가족, 선생님, 친구들의 끊임없는 충고에 시달려야 했다.

"지금이 만화나 볼 때니? 그러다 대학에 떨어지면 어쩌려고 그래?"

"공무원시험을 왜 안 보는데? 합격만 하면 노후 걱정은 안 해도 되잖아. 이보다 안정적인 직장이 어디 있다고 그래?"

"이렇게 좋은 직장을 그만둔다고? 제정신이야?"

……등등.

그렇지만 다른 사람 눈에 비정상으로 보이는 행동들이 내게는 새로운 아이디어를 얻는 삶의 활력소였다. 이런 과정이 있었기 때문에 운명처럼 책을 냈고, 운 좋게 '베스트셀러 작가'라는 과분한 수식어까지 얻었다.

내 인생이 성공한 인생인지는 아직 잘 모르겠다. 그러나 적어도 내가 즐겁고 행복하다는 것만큼은 안다. 나의 인생이 타인의 입에 의해 조종되는 것이 아니라 내 의지대로 만들어지고 있기 때문이다. 행복한 인생을 살고 싶다면 자신이 하고 싶은 대로 하는 것이 가장 중요하다. 그렇다고 자신을 무책임하게 내버려두라는 말은 아니다. 빌 게이츠는 이런 말을 한 적이 있다.

"꿈꾸는 데는 돈이 들지 않습니다. 그래서 누구나 꿈을 꿀 수 있지요."

그러나 꿈만 꾸고 노력은 하지 않는다면 그 꿈은 영원히 '꿈'에만 머물러 있을 뿐 '현실'이 될 수 없다. 이런 꿈은 전혀 가치가 없다.

"지금 당신의 마음속에는 어떤 꿈이 있나요? 당신은 어떤 사람이 되기를 바라나요?"

이 질문엔 오직 자기 자신만이 답할 수 있다. 꿈을 현실로 만들고 싶다면 지금부터 행동으로 옮겨보자. '잃어버린 자신'을 되찾는 일에 시간의 늦고 빠름은 크게 중요하지 않다.

모두가 행복해지는 날을 꿈꾸며
황 퉁

차례

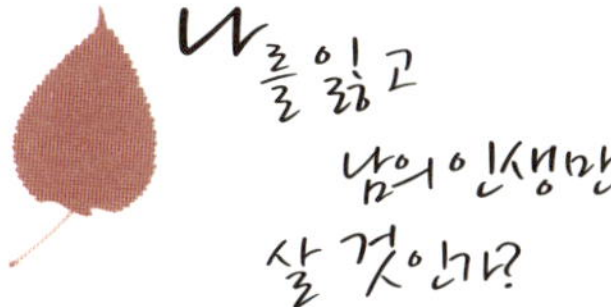

사랑학개론 제1장 017
삶의 마지막 순간 가장 하고 싶은 일 022
소유하면 행복해질까? 027
고난이라는 씨앗에서 핀 아름다운 꽃 031
무덤가의 두 사람 036
진정한 친구는 과연 누구? 041
가장 감동적인 선물 045
파리의 선택 049
무시무시한 대중 054
치명적인 함정 058
천국의 부자는 누구? 063
가치 있는 일에 시간 투자하기 068
칼이 무서울까? 사람이 무서울까? 073
산기슭에서의 행복 078
누가 불을 질렀을까? 083
나로부터 시작되는 변화 087
지옥보다 더 무서운 것 091
나비의 생존전략 095

가족과 남의 차이 101
말은 끝까지 들어야지! 105
밀림의 왕은 누구? 109
호의를 표현하는 기술 114
침묵은 금이 아니다 119
망각의 동물 123
누가 용한 점쟁이일까? 128
잃어버린 돈 132
작지만 큰 차이 137
악한 끝은 없어도 착한 끝은 있다 141
인생의 초점 맞추기 146
미로에 갇힌 쥐 150
뭐든 지나치면 독 154
소통의 열쇠 157
사랑, 포용을 가르치다 161
부치지 못한 러브레터 165
소음의 효과 170
고작 그깟 일이라니요? 174

나를 찾아주는 행복한 처방전

불량 낙하산 181
다시 시작하려면 185
옹졸한 마음 버리기 189
어떤 우유를 사야 할까? 193
선의 순환 198
인간을 위한 배려 201
지식의 가치 205
칭찬은 고래도 춤추게 한다 209
추장의 일기예보 213
공작새의 전설 218
평범함 속에 숨겨진 비범함 222
디테일의 차이 226
휴식은 충전이다 231
분노 다스리기 235
나에게 맞는 옷 239
고인 물은 썩는다 244
시련은 뿌리를 강하게 키우는 비료 249
뱀 두 마리의 생존기 254
행복은 스스로 찾는 것! 259

part 1

나를 잃고 남의 인생만 살 것인가?

사랑학개론 제1장

누가 우리의 운명을 지배할 수 있을까?
만약 누군가 우리의 운명을 지배한다면 그것은 운명 탓이 아니라 우리 탓일세!
윌리엄 셰익스피어

한 심리학 교수가 '결혼과 행복의 필수조건'이라는 주제로 연구를 진행한 뒤 그 결과를 학생들과 공유하는 시간을 가졌다. 먼저 그는 행복한 결혼생활을 하고 있는 부부 열 쌍과 이혼 소송을 준비 중인 부부 스무 쌍에게 설문지를 나눠주었다. 그들의 답변 내용을 분석해 통계를 내는 것이 그의 연구 방식이었다. 교수는 학생들에게 이 연구에 대해 간략히 소개한 후 질문을 던졌다.

"자, 여러분 생각에 '결혼과 행복의 필수조건'이란 과연 무엇일까요?"

한 학생이 손을 번쩍 들고 자신 있게 대답했다.

"두 사람의 성장 배경이 결혼생활에 가장 큰 영향

을 줄 거 같습니다."

교수가 고개를 저었다.

"그건 전혀 중요하지 않았어요."

연이어 학생들의 대답이 여기저기서 튀어나왔다.

"연봉하고 관계가 있나요?"

"아무래도 자녀교육에 대한 관점이 같아야 하지 않을까요?"

한참이 지나도록 정답은 나오지 않았다.

"사실 설문지를 회수해 확인해본 결과 두 그룹의 대답에는 큰 차이가 없었어요. 딱 한 가지 질문에 대한 답변만 빼고 말이죠. 그건 바로 '당신이 가장 사랑하는 사람은 누구입니까?'라는 질문이었어요."

"아! 알겠다!"

그때 정답을 자신하는 듯한 한 학생의 목소리가 들려왔다.

"행복한 부부가 가장 사랑하는 사람은 '배우자'이고, 이혼을 앞둔 부부가 가장 사랑하는 사람은 '자기 자신'입니다."

교수가 의미심장한 미소를 지으며 대답했다.

"아뇨! 학생의 대답과 정반대였어요! 행복한 부부

가 가장 사랑하는 사람은 '자기 자신'이었고, 이혼을 앞둔 부부가 가장 사랑하는 사람은 '배우자'였죠."

얼핏 들으면 앞뒤가 맞지 않는 이야기 같기도 하다. '자신을 사랑하는 것'이 '타인을 사랑하는 것'보다 더 중요하다고, 우리를 행복하게 만들어주는 필수조건이라고 하는 교수의 말이 선뜻 이해가 가지 않는다.

그런데 조금만 더 깊이 생각해보면 고개를 끄덕일 수밖에 없다. 우리는 자신을 1순위에 두어야만 비로소 사랑하는 사람을 온전히 품는 '여유'를 가질 수 있다. '자신을 사랑하는 법'조차 제대로 알지 못하면서 '타인을 사랑하는 일'에 매달린다면 어떻게 될까? 결국 자신과 타인을 모두 힘들고 지치게 할 뿐이다.

불행한 결혼생활을 하고 있는 한 여자가 있었다. 그녀는 하나뿐인 딸에게 '한부모 가정'이라는 딱지를 붙여주고 싶지 않아 이혼만은 피한 채 형식적인 가족관계를 유지하며 살았다. 자신만 참으면 될 줄 알았다. 그런데 딸은 엄마 속도 모른 채 점점 말을 듣지 않았다. 딸과의 관계는 언제 터질지 모르는 시한폭탄처럼 아슬아슬하기만 했다.

엄마로서는 당연히 억울하고 답답할 노릇이었다. 어느 날 결국 두 사람을 괴롭히던 곪은 상처가 터져버렸다. 그녀는 주체할 수 없이 흐르는 눈물을 훔쳐내며 딸을 향해 원망의 말을 쏟아냈다.

"다 너를 위해서였어! 너 때문에 네 아빠와 이혼하는 것도 포기하고 이런 끔찍한 생활을 참고 견뎌온 거야. ……널 위해 엄마가 얼마나 희생했는데! 어떻게 그런 엄마 마음도 몰라주니?"

"나도 알 건 다 알아. 하지만 엄마가 그렇게 '희생' 했기 때문에 나도 어릴 때부터 늘 참고 견뎌야 했어. 아침부터 저녁까지 엄마 아빠가 싸우는 소리를 듣고 사는 게 얼마나 끔찍한지 알아? 엄마의 희생 때문에 난 엄마가 웃는 모습이라곤 제대로 보지도 못하고 자랐어. 내가 기억하는 엄마는 항상 우는 모습뿐이었어. 엄마가 나를 사랑한다는 건 알아. 하지만 엄마가 엄마 자신을 먼저 사랑할 줄 알았으면 좋겠어. 계속 이런 식이면 엄마의 사랑은 나에게 짐이 될 뿐이야!"

자신을 사랑하는 법을 모르는 사람은 늘 자신이 희생한다고 생각한다. 더구나 상황에 밀려 어쩔 수 없이 하는 희생이기 때문에 사는 게 하나도 즐겁지 않다. 반면에 자신을 사랑할 줄 아는 사람은 주어진 것에 이미 기꺼워 스스로 원해서 내주는 기분으로 살기 때문에 즐거움 이상의 행복이 늘 그와 함께한다.

그러므로 사랑학개론 제1장의 키포인트는 바로 이것이다.

'자신을 사랑하는 법을 마스터하라!'

먼저 자신을 사랑하자. 자신의 몸과 마음을 온전히 돌볼 줄 알아야 타인을 사랑할 수 있는 여유가 생긴다. 이것이 바로 가식이 아닌, 서로에게 기쁨과 행복을 선사하는 진정한 사랑이다.

삶의 마지막 순간 가장 하고 싶은 일

만족은 천부적인 부요, 사치는 인위적인 빈곤이다.

소크라테스

자기는 불행하다고 생각하는 한 여자가 있었다. 사는 낙이라곤 하나도 없다 보니 우울증까지 걸릴 판이었다. 그녀의 생활을 들여다보면 늘 짜증으로 가득 차 있다. 남편 월급이 남보다 적은 것도 짜증나고, 로맨틱한 면이라고는 눈 씻고 찾아봐도 없는 그의 목석 같은 성격도 짜증나고, 남들 자식처럼 공부도 못하면서 꼬박꼬박 말대꾸나 해대는 아들도 짜증나고…….

게다가 한 아이의 엄마로만 머물러 있는 자신에게도 짜증이 났다. 이웃집 아무개 엄마는 직장에 다니며 젊고 활기차게 살아가는데 자신은 살림에 찌들어 폭삭 늙어버린 것만 같았다. 마음의 병이 깊어져서일까? 몸도 갈수록 쇠약해지더니 급기야 피를 토하는 지경에 이르렀다. 겁이 덜컥 나서 병원을 찾은 그녀는 청천벽력과도 같은 시한부 통보를 받았다. 의사는 희귀 난치병이라 치료할 약도 없고 앞으로 반년밖에 못 산다고 말했다.

집으로 돌아오자마자 그녀는 방에 틀어박혀 하염없이 눈물을 흘렸다.

그날 이후 그녀는 중병에 걸렸다는 사실을 가족들에게 알리지 않은 채 홀로 차분히 죽음을 준비하며 가족들과의 마지막 시간을 행복하게 보내기 위해 노력했다. 우선 자신이 죽은 후를 대비해 남편과 아들에게 밥 짓는 법, 청소하는 법, 세탁기 돌리는 법을 하나하나 가르쳐주었다. 그리고 남편에게는 그가 꼭 갖고 싶어 하던 골프채를 선물했다. 아들에게도 오래전부터 사달라고 떼를 썼던 천체망원경을 사주었다. 사랑하는 두 사람에게 추억이 될 만한 소중한 선물을 하고 싶었기 때문이다. 행복한 시간을 사진으로 남기고 싶어 큰맘 먹고 가족과 해외여행도 다녀왔다.

이제 그녀는 남편에게 월급이 적다고 잔소리를 하지 않았다. 아들에게 공부 못한다고 화를 내지도 않았다. 훗날 두 사람이 자신을 떠올릴 때 늘 밝게 웃는 좋은 아내, 좋은 엄마로 기억되기를 바랐기 때문이다.

그렇게 시간이 흘러 의사가 예상한 삶의 마지막을 한 달쯤 남겨두었을 무렵, 그녀는 문득 새로운 사실을 깨달았다. 지난 몇 년간 계속되던 가족과의 갈등이 그 사이 연기처럼 사라져버린 것이다. 늘 질투하던 '이웃집 여자'도 잊힌 지 오래였다. 그녀까지 생각할 여력이 없다 보니 질투하고 화를 낼 이유도 없었다.

마음의 평온이 찾아오자 짜증과 불만으로만 가득했던 인생을 새롭게 더 살아보고 싶다는 욕심도 생겨났다.

그러던 어느 날, 병원에서 전화가 한 통 걸려왔다. 순간 그녀는 자신의 귀를 의심했다. 병원 측은 검사 결과에 착오가 있었다며 정중히 사과했다. 전화를 끊은 그녀는 바닥에 그대로 주저앉아 기쁨의 눈물을 쏟아냈다. 이 어이없는 상황에 화가 나기는커녕 다시 살 기회를 준 하늘에 감사할 뿐이었다. 죽음을 준비하던 그 시간 동안 그녀는 자신이 진정으로 원하는 것이 무엇이고, 소중한 것이 무엇인지 깨달을 수 있었다.

죽음의 문턱까지 가본 사람들은 이후 인생을 대하

는 태도가 달라졌다고 입을 모아 말한다. 어떻게 그들은 전과 다른 눈으로 인생을 보게 되었으며, 소소한 것에 행복을 느끼게 되었을까? 바로 현실에 만족하고 감사할 줄 아는 마음을 갖게 되었기 때문이다.

세상에 태어난 이상 누구나 욕심에서 자유로울 수 없다. 돈도 많이 벌고 싶고, 승진도 하고 싶고, 최신 자동차와 유행하는 명품 가방도 가지고 싶고……. 더구나 이런 욕심은 자신에게만 국한되는 것이 아니라 주변 사람에 대한 기대심리로까지 확대된다. 그래서 남편이 더 가정적이기를, 아내가 더 살뜰하기를, 아이가 더 착하고 똑똑하기를 바라게 된다.

욕심으로부터 자유롭지 못할 때 가질 수 없는 것에 대한 집착과 우울증이 찾아온다. 여기에 주변 사람들마저 그 욕심을 채워주지 못하면 화가 치밀어오르면서 자기 팔자를 탓하게 된다.

사람인 이상 이런 생각에서 벗어날 수는 없다. 이 글을 쓰고 있는 나 역시 예외는 아니다. 그러나 우리는 자신의 욕망에 제동을 거는 법을 배우고, 아울러 자신에게 이렇게 물어볼 필요가 있다.

"죽는 순간에도 이 모든 것이 나한테 의미가 있을

까? 그렇지 않다면 내가 정말 원하는 것은 무엇일까?"

이 글을 통해 당신이 새로운 삶을 얻는 기쁨을 맛보기를 기대해본다.

세상에 태어난 이상 우리는 욕망으로부터 벗어나지
못하고 늘 채워지지 않는 무언가로 인해 힘들어한다.
이런 상황에 맞닥뜨리면 '삶의 원점'으로 돌아가
자신에게 이렇게 물어보자.
"죽음이 닥쳤을 때 나는 무엇을 원하게 될까?"
그 답을 찾게 되면 모든 고통이 연기처럼 순식간에
사라질 것이다.

Seize the Day

소유하면 행복해질까?

불길에 휩싸여 사라진 물건은 모두 잿더미에 불과하다.

덴마크 격언

한 직장 여성이 있었다. 그녀는 팀장이 되는 날을 꿈꾸며 여러 해 동안 성실하게 회사를 다녔다. 그러던 어느 날, 팀장이 회사를 그만두면서 드디어 기회가 찾아왔다. 그녀는 승진을 확신했다. 그런데 인사 공고를 보는 순간 그녀는 절망의 나락으로 곤두박질쳤다. 자신보다 근무 연수도, 자격 조건도 턱없이 부족한 동료가 그녀를 제치고 팀장이 된 것이다. 그날 이후 그녀는 화를 주체할 수 없었다. 결국 장기 휴가를 신청하고 미국으로 무작정 배낭여행을 떠나버렸다.

여행 중에 어느 마을에서 축제를 구경하다 공기총으로 과녁을 맞히는 게임이 눈에 들어왔다. 정중앙을 맞히면 커다란 도자기 인형을 주는데 딱 봐도 상당히 비싸 보였다. 그녀는 인형이 탐났다. 물론 과녁 정중앙을 맞힐 확률은 아주 희박했다. 하지만 그녀는 과감하게 도박을 해보기로 했다.

운이 따랐는지 단 한 번에 총알이 과녁 정중앙을 꿰뚫는 기적이 일어났다. 그녀는 상으로 받은 도자기 인형을 바라보며 기분이 날아갈 듯 좋아졌다. '이런 행운이 나에게 찾아오다니 말도 안 돼! 아무래도 앞으로 좋은 일만 생기려나 봐!'

그녀는 이곳저곳 돌아다니며 축제를 더 구경했다. 하지만 인파 속에서 도자기 인형을 안은 채 짐가방을 끌고 다니는 일이 쉽지만은 않았다. 결국 그녀는 축제 구경을 포기하고 붐비는 지하철에 몸을 실었다. 그곳에서도 그녀는 인형을 신경 쓰느라 진이 다 빠질 지경이었다. 시간이 지날수록 가방에 넣을 수도 없는 도자기 인형이 거추장스럽기만 했다.

다음날 장거리 버스를 탄 그녀는 깜빡 잠이 들었고, 하마터면 내려야 할 정류장을 놓칠 뻔했다. 그녀는 벌떡 일어나 허둥지둥 버스에서 내렸다. 안도의 한숨을 내쉬고 길을 가려는데 왠지 모르게 손이 허전했다. 그제야 도자기 인형을 버스에 두고 내렸음을 알아챘다. 하지만 아쉽기는커녕 도리어 속이 다 후련했다.

그녀는 원하던 것을 얻었다고 해서 다 좋지만은 않다는 사실을 깨닫게 되었다. 그 후 그녀는 다시 직장으로 돌아가 더 이상 승진에 집착하지 않으며 하루하루를 즐겁게 살아갔다.

아름다운 외모와 육감적인 몸매로 유명한 여배우가 있었다. 그녀는 데뷔하자마자 주목을 받으며 승승장구했다. 인기가 높은 만큼 악의적인 소문도 꼬리에 꼬리를 물었다. 매스컴에서는 연일 그녀를 재벌 킬러, 알코올중독자, 약물중독자, 개념 없는 여자로 몰아갔다. 심지어 그녀가 심각한 우울증에 시달리고 있다는 기사를 사실처럼 보도하기도 했다. 결국 그녀는 건물에서 뛰어내리는 극단적인 선택을 했고, 그녀를 아는 모든 사람을 충격에 빠뜨렸다.

당시 텔레비전에서 그녀가 자살했다는 뉴스를 접한 어머니가 한숨을 쉬며 이런 말씀을 하셨다.

"여자가 예쁘면 팔자가 세다더니 그 말이 맞나 보네. 저 여자가 평범하게 생겼거나 배우가 되지 않았다면 저런 일이 생겼겠어? 그럼 완전히 다른 인생을 살 수 있었을 텐데……."

누구나 돈과 명예에 집착하기 마련이다. 여기에 아름다운 외모나 뛰어난 두뇌까지 받쳐준다면 그야말로 금상첨화가 아닐 수 없다. 그러나 이런 것들이 우리에게 득이 될지 독이 될지 누가 장담할 수 있을까?

게다가 이런 욕망의 대상은 자기 것이 아닐 때는 손에 넣고 싶어 안달하고, 막상 손에 넣으면 잃어버릴까 봐 안절부절못하게 사람을 옭아맨다. 그런 욕망과 집착에 얽매여 사느니 차라리 가진 것을 다른 사람들에게 베풀고, 남을 부러워할 시간에 자기 내실을 다지기 위해 노력하는 것은 어떨까?

우리는 다른 사람의 성공과 부, 미모를 부러워하며 순간순간 '그 사람'이 되고 싶어 한다. 하지만 이런 부러움의 대상이 우리에게 득이 될지 해가 될지는 아무도 장담할 수 없다. 미래를 예측할 수 없는 이상 맹목적으로 욕망의 대상을 좇기보다는 차라리 현실에 만족하며 그 속에서 즐거움을 찾는 편이 낫다.

고난이라는 씨앗에서 핀 아름다운 꽃

비가 내리지 않으면 무지개도 뜨지 않아.

무명씨

애인에게 버림받고 하는 일도 잘 풀리지 않는 한 젊은이가 있었다. 그는 인생이 참 덧없고 살 가치조차 없다는 생각이 들었다. 절망에 빠진 그가 허공에 대고 소리쳤다.

"하느님! 정녕 저를 버리시는 겁니까?"

삶의 의욕을 잃은 채 그는 정처 없이 길을 걸었다. 한참을 그렇게 헤매다니다가 문득 정신을 차리고 주변을 둘러보니 저 멀리 아름다운 화원이 눈에 들어왔다. 그다지 넓지는 않지만 여러 가지 꽃들이 무척이나 아름답게 피어 있었다. 남자의 발길이 저절로 그곳으로 향했다.

그가 꽃 구경에 정신이 팔려 있는데 어디선가 한 노

인이 나타나 환하게 웃으며 눈인사를 건넸다. 젊은이의 입에서 꽃에 대한 찬사가 저절로 터져나왔다.

"어르신이 이 화원의 주인이신가요? 화원이 정말 멋집니다!"

노인은 그의 칭찬에 기분이 좋아졌는지 화원 안 정자에서 잠시 쉬어가기를 청했다. 젊은이는 기쁜 마음으로 정자에 올라 자리를 잡고 앉아 주위를 둘러보았다. 그때 탁자 위에 갖가지 씨앗이 수북하게 쌓여 있는 게 눈에 들어왔다. 젊은이가 호기심에 가득 찬 눈빛으로 노인에게 물었다.

"어르신, 왜 여기에 이렇게 많은 씨앗을 놔두셨어요?"

노인은 골치 아프다는 표정으로 한숨을 내쉬었다.

"어휴, 말도 말게! 창고 가득 씨앗이 쌓여 있기는 한데 나도 이제 늙었는지 영 구별하기가 힘들어. 도대체 어느 게 장미 씨앗이고, 어느 게 해바라기 씨앗인지 알 수가 있어야지. 그래서 씨앗을 하나하나 까보려고 이렇게 여기 올려놓은 거라네. 까보면 어떤 꽃이 숨어 있는지 알 수 있겠지."

젊은이는 어이가 없어 웃음이 터져나왔다.

"어르신, 그러셔봤자 아무 소용 없어요. 이 씨앗을 까본다고 그 속에서 꽃이 나오겠어요?"

노인이 반문했다.

"그럼 어떻게 하면 좋겠나?"

젊은이가 웃으며 말했다.

"땅에 심고 꽃이 피기를 기다리는 게 가장 쉽지 않겠어요? 때가 되면 이것들이 무슨 꽃씨인지 알 수 있을 겁니다."

"젊은이 생각에 시간이 얼마나 걸릴 거 같은가? 한 시간? 두 시간? 아니면 하루? 이틀?"

"네? 그렇게 금방 자라지는 않죠. 참고 기다리다 보면 싹이 트고, 봉오리가 맺히고, 예쁜 꽃이 피어날 겁니다."

"그런 이치를 젊은이도 이미 알고 있었나?"

그 순간 노인의 얼굴에 깊이를 알 수 없는 미소가 번졌다.

"이 화원이 자네의 마음이라면 이 씨앗은 바로 자네가 맞닥뜨린 시련이겠지……."

젊은이는 흠칫 놀란 표정으로 노인을 바라보았다.

"젊은이, 자네가 꼭 명심해야 할 게 있어. 당장은

시련이라는 씨앗 속에 무엇이 숨어 있는지 알 수 없겠지. 하지만 그 씨앗에게도 시간을 줘보게. 시간이 지나고 나면 그 씨앗이 자라 아름다운 꽃으로 피어나기도 하니까 말일세."

노인은 그 말을 남긴 채 눈부신 빛 속으로 홀연히 사라졌다. 젊은이는 사방을 두리번거리며 노인을 찾았다. 그 순간 자신이 화원이 아니라 자동차들이 끊임없이 오가는 도로변에 서 있다는 사실을 깨달았다. 어안이 벙벙해진 그는 한참을 그 자리에 서 있다가 문득 생각했다.

'아, 신이 아직 나를 포기하지 않으셨구나!'

모든 씨앗 속에는 생명이 담겨 있다. 하지만 그것을 둘로 쪼개거나, 얇게 썰어 현미경으로 들여다본다 해도 그 씨앗이 어떤 꽃을 피울지 어떤 열매를 맺을지는 절대로 알 수 없다. 그러나 보이지 않고 만질 수 없어도 그 씨앗 안에 생명이 담겨 있다는 사실만큼은 누구도 부인하지 못한다. 약간의 물과 햇살만 있다면 씨앗은 언젠가 우리에게 생명의 기쁨을 안겨줄 것이다.

우리가 맞닥뜨린 시련 역시 씨앗과 다르지 않다.

Seize the Day

시련이라는 씨앗 속에는 우리의 삶을 생기로 채워줄 지혜라는 새싹이 숨어 있다.

누구나 시련과 맞닥뜨리면 하늘을 원망하고 세상에 화풀이하며 자신이야말로 가장 불행한 인간이라고 생각한다. 그러나 바꿔 생각하면 시련이야말로 신이 우리에게 주는 가장 고귀한 선물이다. 약간의 시간과 인내만 투자한다면 시련이라는 씨앗은 가장 찬란한 꽃송이로 우리에게 화답할 것이다.

무덤가의 두 사람

자신의 마음속 소리에 귀를 기울이고 상대의 마음을 진심으로 이해하려고 할 때, 사랑은 가장 아름다운 리듬을 만들어낸다.
무명씨

매일 오토바이로 아이를 등하교시키는 어머니가 있었다. 학교까지 오가는 길에는 무덤이 하나 있었는데 그곳을 지나갈 때마다 늘 등골이 오싹해지곤 했다.

어느 날, 그녀가 아들을 오토바이에 태우고 무덤을 지나가는데 갑자기 아이가 소리쳤다.

"엄마! 저기 사람이 둘 있어요!"

깜짝 놀란 여자가 좌우를 둘러봤지만 사람 그림자는 눈 씻고 찾아봐도 없었다. 그녀는 겁이 덜컥 나 황급히 그곳을 빠져나갔다.

그런데 그날 이후 그곳을 지날 때마다 아들은 앵무새처럼 같은 말을 반복했다.

"엄마! 저기 사람이 둘 있어요!"

도대체 어떻게 생긴 사람들이냐고 물어보고 싶은 마음이 굴뚝같았지만, 그것을 확인하는 것조차 두려워 차마 입이 떨어지지 않았다. 그렇게 하루하루가 지나고 이제 아들을 등하교시키는 일조차 부담스러워지기 시작했다.

그러던 어느 날 여자는 더 이상 참지 못하고 오토바이를 무덤가에 세우고는 아들에게 물었다.

"아들! 매일 여기 지날 때마다 사람이 있다고 했지? 자, 엄마한테 말해봐. 그 사람들이 도대체 어디 있다는 거니? 만약 거짓말이면 엄마한테 혼날 줄 알아. 다시는 그런 장난 하면 안 돼!"

"거짓말 아니에요!"

아들은 무덤 옆에 있는 전봇대를 가리키며 의기양양하게 말했다.

"저기요! 저기 사람이 둘 있잖아요!"

여자는 순간 온몸에 소름이 끼쳤다. 그러나 심호흡을 한 후 용기를 내서 아들이 가리키는 곳으로 시선을 돌렸다. 그러자 전봇대에 나붙은 전단지 하나가 눈에 들어왔다. 거기에는 붉은 글씨로 이렇게 쓰여 있었다.

'交通安全 人人有責(교통사고는 모두의 책임입니다)!'

아이는 사람 인(人) 자 두 개를 보고 사람이 둘 있다고 한 것이다. 그냥 웃어넘길 수도 있는 이야기지만, 잠깐 생각해보면 대다수 사람들의 잠재의식을 지배하는 일반적인 병폐가 그 안에 담겨 있다. 바로 선입견이다. 생활 속에서 맞닥뜨리는 무수한 갈등, 심지어 돌이키기 힘든 실수들이 모두 이로 인해 발생한다.

언젠가 초등학교 동창회에 나간 적이 있다. 모두 몇십 년 만에 만나는 반가운 얼굴들이었다. 그 중 반에서 가장 말썽꾸러기였던 한 친구는 성공한 사업가가 되어 나타났다.

선생님이 들어오시자 다들 감사의 인사를 하며 분위기가 화기애애해졌다. 바로 그때 그 친구가 자리에서 벌떡 일어났고, 모두의 시선이 그를 향했다.

"이 말만은 꼭 해야겠습니다. 저는 선생님께 전혀 감사드리고 싶지 않습니다. 오히려 원망스러울 뿐입니다!"

모두의 눈이 휘둥그레졌다.

"예전에 운동장 조회가 있던 날 교실에서 지갑이 없어졌던 거 기억나세요? 그날 제가 주번이라 혼자 교실에 남아 있었고, 평소 품행이 바르지 못하다는 이유로 선생님께서는 저를 범인으로 지목하셨습니다. 심지어 친구들 보는 앞에서 따귀까지 때리셨어요. 전 억울했습니다. 제가 훔친 게 아니었으니까요. 그날 이후 저를 보는 친구들의 눈빛은 달라졌고, 도둑이라는 오명이 중학교까지 저를 따라다녔습니다……."

선생님은 굳은 표정으로 아무런 말씀도 하지 못하셨다.

"정말 다행스러운 일은 제가 그 일로 제 인생을 포기하지 않았다는 겁니다. 제가 그렇게 힘든 시간을 보내는 동안 선생님께서는 아무런 양심의 가책도 느끼시지 않으셨나요?"

친구는 그 말을 남긴 채 뒤도 돌아보지 않고 방을 나가버렸고, 분위기는 순식간에 찬물을 끼얹은 듯 썰렁해졌다.

그 친구가 해묵은 이야기로 선생님을 궁지로 몰아넣은 이유는 무엇일까? 지난 몇십 년간 그의 가슴을 짓누르던 무거운 돌덩이를 내려놓고 싶어서가 아니었을까? 물론 진실을 알게 된 선생님의 마음도 결코 편치 않았을 것이다. 그러나 지금 와서 제자를 위해 그 어떤 보상도 해줄 수 없으니 후회해도 이미 너무 늦어버린 셈이다. 이것이 바로 선입견의 말로다.

선입견을 버리고 열린 마음으로 사람을 대하고, 세상을 바라봤다면 피할 수 있는 일들이 우리 주위에는 참 많을 듯싶다.

일을 처리하고 판단할 때면 선입견이 늘 우리를 따라다닌다. 그러나 과도한 선입견은 우리의 판단력을 흐리게 만들고, 심지어 불필요한 오해로 갈등의 골을 깊게 할 수 있다. 좀 더 냉정하고 객관적으로 세상을 보려고 노력해보자. 시간이 지나면 우리의 지혜도 그만큼 자라난다.

진정한 친구는 과연 누구?

친구를 고를 때는 천천히, 친구를 바꿀 때는 더 천천히.

벤저민 프랭클린

어느 화원에 매년 화사한 꽃망울을 터뜨리는 장미 덩굴이 있었다. 그곳을 찾는 사람들은 하나같이 그 장미에게서 눈을 떼지 못했고, 장미 역시 우쭐거리며 그들의 시선을 즐겼다.

그러나 매일 똑같은 일상이 반복되자 장미는 서서히 무료해졌고, 새로운 친구를 사귀고 싶은 마음이 간절했다.

어느 날 못생긴 벌레 한 마리가 장미 곁으로 다가왔다. 거무스름하고 꿈틀거리는 모양새가 보기만 해도 혐오스러울 정도였다. 벌레가 장미에게 물었다.

"나랑 친구 할래?"

장미는 콧방귀를 뀌며 대답했다.

"흥, 너같이 못생긴 애랑 친구를 해? 꿈도 꾸지 마!"

며칠 후 이번에는 곤충 한 마리가 장미를 찾아왔다. 온몸이 초록빛이고, 커다란 두 눈이 툭 튀어나온 모양새가 무척 위협적이었다. 게다가 두 손이 칼처럼 날카로워 무시무시하기까지 했다. 곤충이 장미에게 물었다.

"나랑 친구 할래?"

장미는 히스테릭한 목소리로 소리쳤다.

"꿈 깨셔! 넌 정말 공포 그 자체야!"

얼마 후 장미덩굴에 특별한 손님이 찾아왔다. 동작이 춤을 추듯 우아하고, 화려한 색채의 날개가 무척이나 매력적인 곤충이었다. 이 곤충도 장미에게 물었다.

"나랑 친구 할래?"

장미는 그 말이 떨어지기 무섭게 얼른 대답했다.

"물론이지! 너야말로 나한테 딱 맞는 친구인걸!"

이날부터 아름다운 곤충은 장미덩굴에서 함께 살게 되었다. 그런데 장미의 행복은 얼마 가지 못해 악몽으로 바뀌고 말았다. 이 친구가 알만 잔뜩 낳아놓은 채 말도 없이 떠나버렸기 때문이다. 알이 하나둘씩 부화하더니 거기서 나온 애벌레가 장미 이파리를 모조리

갉아먹어버렸다. 그제야 장미는 나비가 알을 낳을 장소를 찾다가 자신에게 접근했다는 사실을 깨달았다.

장미는 예전에 자신을 찾아왔던 두 친구를 떠올렸다. 그 중 거무스름하고 못생긴 벌레는 사실 지렁이였다. 지렁이와 친구가 되었다면 흙을 부드럽게 만들어 장미가 물과 양분을 잘 흡수할 수 있도록 도와주었을 것이다. 두 번째로 찾아온 생김새 흉악한 곤충은 알고 보니 사마귀였다. 해충을 잡아 장미를 보호해주었을 게 분명했다. 그러나 그들을 쫓아낸 것은 그 누구도 아닌 바로 장미 자신이었다.

청소년들이 집단범죄를 일으켰을 때 부모들이 자주 하는 말이 있다.

"우리 아들은 원래 착한 애였어요. 친구를 잘못 만나서 나쁜 물이 든 겁니다."

결과가 긍정적이든 부정적이든 친구라는 존재는 모르는 사이에 서로의 내면에 참 많은 영향을 끼친다.

대학 시절에 참 착하고 성실했던 친구가 있었다. 졸업하고 반년 만에 얼굴을 보게 되었는데 내가 알던 그 친구가 아니었다. 예전의 순수했던 모습은 온데간

데없이 사라지고 입만 열면 연봉, 명품 가방, 명품 화장품 얘기가 쏟아져나왔다.

솔직히 그 모습이 영 적응되지 않았다. 나중에야 그녀의 변화가 직장 분위기와 관련이 있다는 사실을 알게 되었다. 회사 동료 대다수가 최신 패션과 명품으로 휘감고 다니는 터라 그녀 역시 대화에 끼기 위해 그 문화 속으로 들어갈 수밖에 없었을 것이다.

우리의 눈을 가리고 나쁜 물이 들게 하는 이는 진정한 친구가 될 수 없다. 우리가 스스로에게 충실하고 내면의 아름다운 가치를 귀하게 여길 줄 안다면 평생을 함께할 수 있는 우정이 서로를 지켜줄 것이다.

친구는 가랑비에 옷이 젖듯 서서히 우리에게 영향을
주는 존재다. 그런데 어떤 친구들은 우리의 가치를
송두리째 흔들어놓고, 심지어 나의 자아조차
잃어버리게 할 수도 있다. 친구라는 존재가 이러한데
어떻게 친구를 고를 때 신중하지 않을 수 있겠는가?

Seize the Day

가장 감동적인 선물

진심에서 우러나와야 겸손해지며, 마음이 겸손해져야 아집과 자존심을 내려놓고 타인과 자신을 이해할 수 있다.

푸레이(傅雷, 중국의 작가이자 프랑스문학 번역가)

어느 대규모 식품회사가 새로 출시할 과일 주스를 광고하기 위해 광고대행사를 물색하기 시작했다. 이 소식이 업계에 퍼지자마자 광고회사들이 너 나 할 것 없이 달려들었다. 식품회사 사장은 신제품에 거는 기대가 남달랐다. 그는 직접 광고업체 선정에 참여해 몇십 군데 회사 중 딱 세 곳을 추려냈고, 프레젠테이션을 거쳐 그 중 한 곳을 최종 선택하기로 했다.

그런데 사장의 스케줄이 워낙 바쁘다 보니 저녁식사 시간 말고는 도저히 따로 시간을 뺄 수가 없었다. 그는 고심 끝에 광고업체에 식사 장소를 정하라고 통보한 후 식사를 하면서 최종 프레젠테이션을 받아보기로 했다. 그 순간부터 광고회사 직원들의 고민이 시작

됐다. 그들은 고객의 환심을 사기 위해 그가 좋아할 만한 음식점을 알아보느라 머리에 쥐가 날 지경이었다.

첫 번째 광고회사의 직원은 평판이 좋은 최고급 레스토랑에 사장을 모시고 가장 비싼 스테이크를 주문했다. 그런데 웬일인지 그는 살짝 맛만 보다가 탐탁지 않은 듯 이내 포크를 내려놓았다.

"의사 말이 콜레스테롤 수치가 높아 되도록 고기를 적게 먹어야 한다더군요."

그 순간 식사 자리의 분위기는 급속도로 냉랭해졌다. 사장의 마음을 얻지 못한 첫 번째 광고회사는 경쟁에서 밀려나고 말았다.

두 번째 광고회사의 직원은 사장을 일식집으로 안내해서 값비싼 생선회로 환심을 사려 했다. 그런데 여기서도 사장은 고개를 가로저으며 인상을 찌푸렸다.

"내가 가장 싫어하는 음식이 바로 생선회랍니다!"

마지막 광고회사의 직원은 평범한 식당을 선택했다. 이 소문이 퍼지자 다들 그의 결정에 코웃음을 쳤다. 잘하면 좋은 구경거리가 될 듯도 했다. 고급 레스토랑조차 사장의 마음을 움직이지 못한 마당에 싸구려 음식점이 가당키나 할까?

그렇지만 모두의 예상을 뒤엎고 식품회사 사장은 매우 흡족해하며 음료 광고를 흔쾌히 그에게 맡겼다.

얼마 후 궁금증을 참지 못한 누군가가 그 직원에게 물었다.

"그곳 음식이 그렇게 맛있습니까? 고급 레스토랑이 평범한 음식점에 밀린다는 게 말이 안 되잖아요?"

그러자 광고회사 직원이 웃으며 대답했다.

"그게 중요한 게 아니니까요. 비결은 따로 있어요. 하루 전에 그 식당에 찾아가서 벽면을 온통 고객사의 신제품 포스터로 장식해놓았거든요."

그가 고객의 마음을 사로잡은 비결은 딱 두 글자로 정리할 수 있다. 바로 '진심'이다.

진심이야말로 감동을 주는 힘을 갖고 있다. 어릴 때 삐뚤빼뚤한 글씨로 부모님께 감사의 편지를 쓰고, 첫사랑에게 편지로 고백을 하던 쑥스러운 기억을 떠올려보자. 비싼 선물은 아니지만 진심이 있었기에 그때의 기억이 지금도 행복한 추억으로 남아 있다. 세월이 흘러 세상 때가 묻다 보니 순수했던 마음은 퇴색하고 진심을 돈과 혼동하는 착각에 빠져버렸지만 말이다.

인터넷 토론방에 한 여자가 불만으로 가득 찬 글을 올렸다. 그녀는 몇 년 동안 사귄 애인과 결혼을 앞두고 있었다. 그런데 결혼식이 며칠 안 남은 상황에서 갑작스럽게 파혼을 결심했다. 애인이 집을 그녀의 명의로 해주지 않았다는 것이 가장 큰 이유였다. 이 일로 그녀는 남자에게 크게 실망했고, 그를 평생 믿고 살 자신이 없어졌다는 것이다. 그런데 토론방에는 놀랍게도 그녀의 생각을 지지하는 사람들이 의외로 많았다.

그들이 잊고 있는 것은 과연 무엇일까? 사랑, 우정, 진심. 이 세 가지는 돈으로 환산하는 순간 그 본래의 맛과 향기를 잃는다는 사실이다.

돈이 있어야만 사람의 마음을 살 수 있다고 믿는 사람들이 참 많다. 아마도 그들은 가장 단순한 것이 가장 큰 감동을 준다는 사실을 잊고 있는 듯하다. 돈으로도 환산할 수 없는 것, 그것이 바로 진심이다.

파리의 선택

나부터 변해야 세상이 변한다.

무명씨

부유한 가정에서 태어난 한 젊은이가 있었다. 어릴 때부터 부모는 일 때문에 늘 바빠 그와 많은 시간을 함께해주지 못했다. 자라면서 그는 나쁜 친구들을 가까이하게 되었다. 심지어 도박과 마약에 빠져 소년원을 들락거리기까지 했다.

부모가 아무리 타일러도 젊은이는 정신을 차리지 않았다. 결국 부모는 그를 친구들에게서 떼어놓기 위해 특단의 조치를 취할 수밖에 없었다. 그들은 고심 끝에 아들을 깊은 산중에 있는 성당에 데려다놓았다.

부모는 그가 그곳에서 차분히 반성의 시간을 가지길 원했다. 하지만 그의 마음속은 부모와 친구들에 대한 원망과 울분으로 가득 차 있었다. 그러다 보니 하루

하루가 지옥 같았고, 젊은이는 아무 일도 하지 않은 채 빈둥빈둥 헛되이 시간만 보냈다.

어느 날 젊은이가 식사를 하고 있는데 파리 몇 마리가 계속 앵앵거리며 밥그릇 주위를 맴돌았다. 그는 참다못해 신부에게 화풀이를 했다.

"신부님! 파리가 너무 많아서 밥을 먹을 수가 없잖아요!"

그러자 신부가 해결책을 알려주었다.

"그래? 그럼 파리를 잡을 수 있는 작은 함정을 하나 만들어주마. 그럼 파리가 널 괴롭히지 않겠지."

신부는 종이컵을 가져다가 그 안에 과일 조각을 넣고 휴지로 입구를 막더니 휴지에 구멍을 몇 개 뚫었다. 그리고 만족스러운 듯 말했다.

"됐다! 이제 파리들이 이 안으로 몰려들 테니 기다려보렴!"

젊은이는 신부의 말이 영 미덥지 않았다.

하지만 반나절 후, 혹시나 하는 마음에 휴지 덮개를 살짝 들쳐본 그는 순간 눈이 휘둥그레졌다. 컵 속에 넣어둔 과일 조각에 파리들이 시커멓게 다닥다닥 붙어 있었던 것이다. 젊은이가 신기하다는 듯 흥분한 목소리로 신부를 찾았다.

"신부님! 파리들이 정말 잔뜩 잡혔어요! 함정이 너무 단순해서 기대도 안 했는데 꽤 쓸모가 있어요!"

그러자 신부님이 웃으며 농담처럼 말했다.

"컵에 든 과일 탓이지. 달콤해도 너무 달콤하잖니!"

그 말에 젊은이가 웃음을 터뜨렸다.

"지금 과일 때문이라고 하시는 거예요? 이건 파리가 멍청해서 벌어진 일이잖아요! 들어갈 줄만 알았지 빠져나올 줄은 몰랐으니까요."

"그 파리가 너와 비슷하다고 생각하지 않니?"

신부가 미소를 지으며 물었다.

"너 역시 환경이 너를 망쳤다고 원망만 할 뿐 그 안에서 스스로 걸어나올 생각을 하지 못하고 있잖니."

젊은이는 이 말에 깊은 깨달음을 얻었다. 그는 이 날 이후 자신을 돌아보며 새사람으로 거듭났다.

결혼 후 시댁에 들어가 사는 친구가 있었다. 그런데 살다 보니 생활습관이나 아이 교육 문제를 두고 시어머니와 갈등이 불거져 크고 작은 충돌이 끊이지 않았다. 뭔가 마음에 들지 않을 때마다 그녀는 시어머니에게 대들며 불평을 쏟아냈다. 이런 일이 반복되다 보니 식구들도 그 상황이 점점 짜증나기 시작했다.

한번은 내가 그녀에게 물었다.

"네 시어머니 성격이 변할 것 같니?"

그녀가 코웃음을 치며 냉소적인 반응을 보였다.

"죽었다 깨어나도 안 변할걸? 늙으면 고집밖에 안 남는다더니 완전 황소고집이야. 바뀔 리가 없지."

"그럼 넌 어떤데? 네 성격을 바꿔볼 생각은 없어?"

"없어! 누구 좋으라고 내가 그런 짓을 해?"

그녀는 한 치의 망설임도 없이 단호하게 대답했다.

"그렇다면 방법은 하나뿐이네. 시어머니와 싸우기 싫으면 분가를 해."

"하지만……."

그녀의 표정에는 주저하는 기색이 역력했다.

"시댁에서 살면 집세며 전기세, 수도세를 절약할 수 있고, 시어머니가 아이를 돌봐주시니까 돈 들여서 어린이집에 보낼 필요도 없고……."

결국 이 친구 역시 앞에서 얘기한 파리와 조금도 다르지 않았다. 그녀는 금전적인 이득만 보고 시집살이를 선택한 것이다. 파리가 과일을 탐한 대가로 목숨을 지불했다면, 그녀는 생활비를 절약하는 대신 고부간의 갈등을 얻었다.

환경을 바꿀 수 없을 때 우리는 어떻게 해야 할까? 가장 좋은 해결책은 바로 그 환경에서 벗어나는 것이다. 변화를 시도하려는 작은 용기만 있다면 우리는 얼마든지 마음의 자유를 얻을 수 있다.

우리를 둘러싼 환경이 마음먹은 대로 바뀌지 않으면 자연히 불만이 쌓이고 우울증이 생긴다. 그렇다면 이 점을 꼭 기억해두자. 우리에게는 언제든 그 환경을 떠날 수 있는 선택권이 있다. 과감히 현재의 상황을 바꿔보자. 그 용기가 새로운 인생의 문으로 우리를 이끌 것이다.

무시무시한 대중

타인의 동의 없이 그를 지배할 만큼 훌륭한 사람은 아무도 없다.
에이브러햄 링컨

두 친구가 동업으로 사업체를 경영하고 있었다. 그런데 어느 날 갑자기 한 친구와 회사 자금이 흔적도 없이 사라져버렸다. 행방불명된 친구의 부인은 남편이 회사 돈을 횡령할 사람이 아니라며 살해당한 게 분명하다고 주장했다. 그녀는 어린 아들을 데리고 기자회견장에 나와 눈물로 호소했다. 그리고 남편을 살해한 용의자로 동업자를 지목했다.

그 후 신문과 방송 뉴스는 그 남자를 유력한 용의자로 몰고 갔다. 경찰도 발 빠르게 그를 체포했다.

당시 남자는 혐의를 강력하게 부인했고, 증거도 불충분했다. 그럼에도 법원은 여론에 밀려 남자에게 유죄를 선고했다. 사형은 면했지만 무려 징역 30년을 살아야 하는 중형이었다. 남자는 분노에 치를 떨며 하루가 1년 같은 교도소 생활을 견뎌내야 했다.

30년 후 남자는 형기를 마치고 출소했다. 그리고 남자가 다시 한 번 신문 1면을 장식하기 전까지 아무도 그의 존재를 기억하지 못했다. 남자는 교도소에서 나오자마자 복수의 칼날을 갈며 자신을 배신한 친구의 생사를 확인하러 다녔다. 수소문 끝에 간신히 그가 살아 있다는 것을 알아냈다. 그런데 또 한 번의 충격이 그의 이성을 마비시키고 말았다. 친구는 횡령한 회사 돈으로 가족들과 함께 너무나 호화로운 생활을 즐기고 있었던 것이다. 남자는 아무 말도 없이 품에서 권총을 꺼내 그를 겨누고 방아쇠를 당겼다.

30년 만에 세상을 깜짝 놀라게 한 남자는 사람들 앞에서 담담한 표정으로 말했다.

"30년 전에 세상 사람들이 모두 나를 살인범으로 몰았습니다. 그 덕에 억울한 옥살이를 해야 했죠. 저는 지금 30년 전에 못한 일을 한 것뿐입니다!"

다른 사람을 비난하는 일만큼 손쉬운 일이 있을까? 하지만 그것은 한 사람의 인생을 송두리째 망가뜨릴 수도 있다. 그렇기 때문에 비난에 앞서 한 번쯤은 진실의 소리에 귀를 기울여볼 필요가 있다.

얼마 전에 끔찍한 사건 하나가 사회를 떠들썩하게 했다. 한 여학생이 공중화장실로 끌려가 무참하게 성폭행을 당한 사건이었다. 피의자는 곧바로 체포되어 법의 심판을 받았다. 그런데 생각지도 못한 일이 그 뒤에 또 일어났다. 치료를 받고 다시 학교로 돌아간 여학생은 친구들의 의심과 비난에 또 한 번 충격을 받고 말았다. 그녀가 성폭행을 당할 때 비명을 질러 주위의 도움을 요청하지 않았다는 내용의 신문기사가 화근이었다. 사실 당시 그녀는 소리조차 지르지 못할 정도로 극도의 공포에 휩싸여 있었다. 그런데 단지 그 이유 하나로, 성폭행을 당한 게 아니라 그녀 또한 원해서 응한 것이라는 소문이 일파만파 퍼져나간 것이다. 결국 그녀는 장기간의 심리치료가 필요할 만큼 극도의 불안감과 우울증에 시달려야 했다.

이와 비슷한 사례는 수도 없이 많다. 한 여자가 인터넷 토론방에 자신의 처지를 하소연하는 글을 올렸다. 그녀의 사연은 도저히 믿기 어려울 정도로 기구했고, 흡사 막장 드라마를 보는 듯 현실성이 없었다. 그러다 보니 위로의 말보다는 그녀가 소설을 쓰고 있다는 비난의 악플이 줄을 이었다. 결국 그녀는 악플 때문에 받은 상처를 견디지 못하고 스스로 목숨을 끊었다. 모니터 뒤에 숨어 차마 입에 담기 힘든 말로 한 여자의 인생을 앗아간 익명의 악플러들! 그들은 자신이 얼굴 없는 살인자라는 사실을 알고 있을까?

누구를 비난하기 전에 이 말을 꼭 떠올려보자.

"비난은 집비둘기와 같다. 집비둘기는 집을 떠나 멀리 날아가더라도 언젠가 반드시 자기 집으로 돌아오기 때문이다."

살다 보면 남의 입에 오르내리는 경험을 한 번쯤은 하기 마련이다. 그것이 사실이 아니라면 소문에 휘둘리지 말고 자신을 지키는 것이 무엇보다 중요하다.

비난을 달가워하는 사람은 없어도 비난하기를 즐기는 사람은 무수히 많다. 그렇지만 말 한마디에 사람이 죽을 수도 있다면 비난의 말을 꺼내기 전에 좀 더 신중해야 하지 않을까?

치명적인 함정

자신을 정확히 아는 것이야말로 가장 얻기 힘든 지식이다.
스페인 격언

물고기 한 마리가 수면 위로 팔딱팔딱 뛰어오르다 실수로 강둑에 떨어지고 말았다. 시간이 지날수록 숨이 막히고 자칫 그대로 말라죽을 판이었다. 죽을지도 모른다는 공포 속에서 물고기는 간신히 하늘을 향해 소리쳤다.

"하느님! 어서 비를 내려주셔서 제 목숨을 한 번만 살려주십시오!"

물고기의 간절한 바람이 통한 걸까? 갑자기 먹구름이 몰려오더니 장대 같은 빗줄기가 퍼붓기 시작했다. 그 덕에 물고기는 빗물에 쓸려 다시 강으로 돌아갈 수 있었다.

다른 물고기들은 하나같이 이 놀라운 일에 입을 다

물지 못했다.

"우연치고는 너무 기막히지 않아? 정말 저 물고기한테 비바람을 부리는 재주가 있나 봐?"

"날씨를 지배할 수 있는 동물은 하늘에 사는 용뿐이라고 들었어. 그럼 저 물고기가 용의 화신이란 소리잖아?"

물고기는 자신을 칭찬하는 소리에 기분이 날아갈 것 같았다. 심지어 자신이 정말 신성한 용이라도 된 듯 착각에 빠져들었다.

이 소식은 눈 깜짝할 사이에 강에 사는 모든 친구에게 전해졌다. 다들 물고기의 신통력을 철석같이 믿으며 기적을 다시 한 번 보여달라고 아우성이었다.

"다들 원한다면 당연히 보여줘야지!"

물고기는 흔쾌히 대답하고는 있는 힘을 다해 강둑으로 펄쩍 뛰어올라갔다. 그리고 하늘을 향해 목청껏 소리쳤다.

"바로 지금입니다! 어서 비를 내려주십시오!"

그런데 아무리 소리쳐도 하늘은 요지부동이었다. 모두 기대에 차서 하늘을 올려다봤지만 뜨거운 햇볕만 내리쬘 뿐 비가 내릴 기미는 전혀 없었다. 조급해진 물고기가 화를 내고 소리도 질러봤지만 아무 소용이 없었다. 그렇게 시간은 자꾸만 흐르고 친구들은 물고기가 강둑에서 서서히 말라죽어가는 것을 안타깝게 지켜봐야 했다.

이 이야기 속의 물고기는 친구들의 환호와 부추김 속에서 자신이 '물고기'라는 사실을 점점 망각했다. 심지어 '용'의 화신이라도 된 듯 만용을 부리다 값비싼 대가를 치렀다.

인생을 살다 보면 자신을 용으로 착각한 저 물고기처럼 치명적인 함정에 빠질 때가 있다. 그래서 늘 자신에게 '나는 누구인가?'라는 질문을 던져야 하는 것이다.

언젠가 한 스님이 이런 말을 하셨다.

"명예, 지위, 돈 등 우리가 가진 모든 것은 하늘이 우리에게 잠시 빌려준 거랍니다."

이런 마음가짐으로 산다면 모든 일에 감사하며 나누는 삶을 살 수 있지 않을까? 더불어 그 어떤 상황에서든 자신이 누구인지 잊어버리는 일도 벌어지지 않을 것이다.

예전에 기사를 쓰기 위해 공무원들을 인터뷰한 적이 있었다. 일부 공무원들은 자기 신분에 안주하며 주어진 일만 하는 것으로 하루하루를 의미 없이 때우고 있었다. 일에 대한 열정이라고는 찾아볼 수 없었다. 그런데 직업에 만족하느냐고 묻자 참 뻔뻔한 대답이 돌아왔다.

"공무원처럼 좋은 직업이 없어요. 정년 보장되고, 일도 힘들지 않고, 월급도 많이 주니까요."

그렇지만 똑같은 공무원인데도 전혀 다른 직업관을 가진 사람들도 있었다. 그들은 자기 직권을 최대한 활용해 도움이 필요한 사람의 손을 잡아주었다. 그들 역시 직업에 대한 만족도가 높았지만 그 이유는 앞서 언급한 사람들과는 달라도 너무 달랐다. 그들은 공직에 있을 때 많은 사람을 위해 봉사할 수 있다는 것에 더 의미를 두었다.

종교의 관점에서 말하면 전자는 '죄'를 짓고, 후자는 '덕'을 쌓는 것이다. 도덕의 관점에서 말하면 전자는 '파괴'이고, 후자는 '창조'다.

우리가 어떤 위치에 있든 인생은 누구에게나 유한하고 짧다. 아무 의미 없이 한심하게 살든지, 아니면 시간의 주인이 되어 의미 있는 삶을 살든지……. 선택은 각자의 몫이다. 자신이 누구인지, 어떤 사람이 되고 싶은지, 그 답을 알고 있는 사람은 오로지 자신뿐이다.

남들이 자신을 떠받들어주면 사람은 판단력이 흐려지고 자아를 잃어버리기 쉽다. 이럴 때마다 내가 누구인지, 무엇을 해야 하는지를 잊지 않는 것이 중요하다. 또한 이 질문에 대답할 수 있는 사람은 다른 사람이 아니라 바로 자신이다.

Seize the Day

천국의 부자는 누구?

돈은 바닷물과 같아서 마시면 마실수록 목이 마르다.

쇼펜하우어

옛날 어느 나라에 한 부자가 살았다. 그는 돈이 엄청나게 많으면서도 한 번도 남을 위해 베풀거나 좋은 일을 해본 적이 없을 정도로 구두쇠였다.

어느 날 밤, 부자는 이상한 꿈을 꾸었다. 꿈속에서 아름다운 호숫가에 이르렀는데 그곳에 하얀 날개를 단 천사 두 명이 금빛 후광을 받고 서서 이야기를 나누고 있었다. 부자는 천사들의 대화를 몰래 엿들었다. 한 천사가 말했다.

"이 나라에서 가장 부자인 사람이 오늘 죽을 거야."

또 다른 천사가 고개를 끄덕이며 동조했다.

"그래. 어서 천국으로 돌아가 맞이할 준비를 하자."

꿈에서 깨어난 부자는 얼마나 놀랐는지 온몸에 식

은땀이 다 흐를 정도였다. 그는 두려움에 떨며 꿈을 떠올렸다.

'어떡하지? 이 나라에서 가장 부자라면 바로 나잖아? 설마 내가 오늘 죽는다는 말이야?'

부자는 곧바로 보물창고로 달려가 보물을 끌어안고 온종일 벌벌 떨며 그날 하루를 보냈다.

그러나 천사의 예언은 빗나갔다. 하룻밤이 지나 날이 밝았는데도 부자는 죽지 않았다. 그는 하인을 불러 그날 성 안에서 죽은 사람이 있는지 알아보라고 했다. 하인은 한참 만에 돌아오더니 딱 한 사람이 죽었다고 보고했다. 그런데 그는 부자가 아니라 몹시 가난한 늙은이였다.

다음날도 부자는 천사들의 대화를 엿듣는 꿈을 꾸었다.

"이 나라에서 가장 가난한 사람이 죽을 거야. 어서 가서 그를 심판할 준비를 하자."

잠에서 깬 부자는 생각했다.

'나는 부자잖아. 절대 나일 리가 없어!'

그런데 그날 저녁 무렵, 뜻밖에도 그는 심장발작을 일으켜 갑자기 세상을 뜨고 말았다.

부자의 영혼이 너무도 억울해서 천사를 보자마자 따져 물었다.

"뭔가 잘못된 거 아닙니까? 가장 부자인 사람이 죽는다고 했을 때는 가만 놔뒀다가 가장 가난한 사람이 죽는다는데 왜 절 데려오십니까? 제가 얼마나 부자인지 모르시나 본데, 이 나라 최고 갑부가 바로 접니다! 그런 제가 죽는다는 게 말이 됩니까?"

그러자 천사가 대답했다.

"여기서는 속세의 잣대로 부를 가늠하지 않으니까요. 인간세상에 쌓아둔 금은보화는 중요하지 않아요. 여기서는 얼마나 덕을 쌓고 살았는지에 따라 부자와 가난한 사람이 나뉜답니다. 어제 돌아가신 분은 가진 것은 없지만 평생 좋은 일을 참 많이 하셨어요. 그래서 천국에 그 덕이 재산으로 쌓여 있답니다. 하지만 당신은 인간세상에서 온갖 부귀영화를 누리면서도 베풀 줄을 몰랐죠. 그러니 이곳에서 당신은 가장 가난한 사람이에요!"

길을 가다가 오랫동안 보지 못했던 선배를 우연히 만났다. 그런데 그 선배는 하마터면 못 알아볼 정도로 초췌한 모습을 하고 있었다. 사연을 들어보니 금융 위기 때문에 주가가 폭락하면서 주식에 투자했던 돈을 모두 날려버리고 극심한 우울증에 시달리고 있는 모양이었다.

예전부터 선배의 집안이 꽤 부자라는 얘기를 많이 들었기 때문에 나는 에둘러 말하지 않고 바로 물었다.

"그래도 지금 남아 있는 재산 정도면 죽을 때까지 쓰고도 남지 않아요?"

선배가 잠시 주저하다 대답했다.

"맞아. 먹고살 걱정은 안 해도 돼."

"그럼 됐네요! 내가 선배라면 주식 투자로 몽땅 날리느니 그 돈을 은행에 넣어두고 편하게 살 거 같아요. 자꾸 돈에 집착하고, 더 많이 벌려고 욕심을 부리면 뭐 하겠어요? 죽으면 다 소용없는걸."

선배는 내 말을 듣고는 일리가 있다며 호탕한 웃음을 터뜨렸다. 나 역시 모처럼 환하게 미소짓는 선배의 모습에 마음이 한결 편해졌다.

사람이라면 누구나 돈을 좋아한다. 세상에 돈이 너무 많아서 불만을 터뜨리는 사람은 아무도 없을 테니 말이다. 다만 돈의 노예가 되어서는 안 된다. 행복의 가치는 값으로 매길 수 없는데 돈 때문에 그것을 잃어 버린다면 어떨까? 그만큼 어리석은 일이 또 있을까?

우리는 돈에 좌우되지 말고 그것이 주는 편의와 행복을 적당히 누릴 줄 알아야 한다. 인생은 빈손으로 왔다가 빈손으로 가는 것이니 지나친 집착은 자신을 고통스럽게 할 뿐이다.

가치 있는 일에 시간 투자하기

융통성은 승부를 결정짓는 관건이다.

무명씨

1년에 한 번 열리는 국제우주회의가 개최되었다. 항공우주 분야를 다루는 과학계의 연례행사답게 올해에도 신기술 각축전이 벌어졌다. 열강들은 하나같이 자기 나라의 국력을 증명해 보이기 위해 가장 혁신적인 연구 성과를 들고 나왔다. 그 중 A국과 B국의 경쟁은 특히나 치열했다.

A국 과학자가 먼저 연단에 올라가 발표했다.

"우주공간은 온도가 낮을 뿐 아니라 압력도 지표면과 크게 차이가 납니다. 그래서 우주비행사들은 일반 볼펜을 사용하지 못해 오랫동안 연구 결과를 기록하는데 상당히 불편을 느꼈습니다."

과학자는 자신감 넘치는 표정으로 말을 이어갔다.

"그러나 우리나라에서는 이미 이 문제를 해결했습니다. 우리는 엄청난 인력과 자금을 투자해 수년간 연구를 진행했고, 마침내 어떤 환경에서도 필기를 할 수 있는 최첨단 전자펜을 발명하는 데 성공했습니다!"

객석에서 환호성과 박수갈채가 터져나왔다.

뒤이어 B국의 과학자가 연단에 올라왔다.

"방금 A국에서 언급하신 문제는 우리 역시 일찌감치 주목했던 부분이고, 10여 년 전에 이미 해결을 했습니다."

객석이 술렁이기 시작했고, A국의 과학자의 얼굴에는 믿을 수 없다는 표정이 역력했다.

B국의 과학자가 A국의 과학자를 힐끗 쳐다본 후 회심의 미소를 지어보였다.

"우리가 찾은 해결방법은 바로 우주비행사들이 연필로 필기하게 하는 것이었습니다."

사람은 아주 이상한 동물이다. 융통성을 발휘하면 금방 끝날 수 있는 일에 매달리느라 시간과 돈을 비효율적으로 낭비한다.

융통성과 담을 쌓은 한 열차 승무원의 이야기도 있

다. 그는 객차 안에서 표를 검사하다 한 승객과 시비가 붙었다.

"이 표는 장애인 우대권이네요. 장애인 카드를 제시해주십시오."

"깜빡 잊고 가져오질 않았어요."

"그럼 일반 표를 사셔야 합니다. 추가 요금을 지불하세요."

이 말에 승객의 얼굴이 붉으락푸르락해졌다. 옆에서 지켜보던 사람들도 속이 터지기는 마찬가지였다. 그 승객은 누가 봐도 다리가 하나 없는 장애인이었기 때문이다. 보다 못한 누군가가 나서서 항의했지만 승무원은 요지부동이었다.

"정해진 규정이라 저도 어쩔 수 없습니다."

나 역시 비슷한 경험을 해봤다. 예전에 한 대기업에 다닐 때의 일이다. 입사 초기에 상사가 급한 자금 결재 건을 내게 맡겼다. 그때 시간에 쫓기며 서둘러 서류를 작성하고, 자료를 첨부해 총무부에 제출했다.

하지만 이 회사는 서류 처리 속도가 느리기로 정평이 나 있는 곳이었다. 어쩔 수 없이 마음을 비우고 기다리는데 이틀 후에 결재 요청 서류가 다시 반환되었다. 몇 번을 반복해서 확인해봐도 문제될 만한 부분이 하나도 없었다. 도저히 이해가 되지 않아 총무부로 찾아가 이유를 물었다. 그런데 돌아온 대답이 너무나 황당해 말이 나오지 않았다.

"스테이플러를 두 군데밖에 찍지 않았더군요."

이 회사는 서류를 제출할 때 스테이플러를 세 곳에 찍도록 규정하고 있었다. 그런데 내가 실수로 '두 곳'에만 찍은 것이다.

나는 참을 인(忍) 자를 마음속에 새기며 그에게 항의했다.

"실수한 건 인정합니다. 하지만 이건 아주 급한 서류라고 제가 특별히 부탁까지 하지 않았나요? 이 정도는 대신 스테이플러를 찍어주고, 전화나 이메일로 다음에는 절대 실수하지 말라고 알려줄 수도 있었잖아요? 이게 뭐예요? 이런 일 때문에 벌써 며칠을 허비했는지 아세요? 회사가 이런 일로 손해를 보면 당신이 책임질 겁니까?"

그런데 돌아온 대답은 이랬다.

"어쩔 수 없습니다. 규정은 규정이니까요."

화가 나면서도 한편으로는 참 불쌍한 사람이라는

생각도 들었다. 정해진 원칙만 따르는 사람은 융통성이 없어서 직장 생활뿐 아니라 인간관계에도 문제가 생길 수밖에 없기 때문이다.

융통성은 얕은수로 남의 눈을 속이는 것이 아니다. 늘 열린 마음으로 가치 있는 일에 시간을 효율적으로 쓰는 것이다.

유한한 시간을 의미 없는 일에 낭비하는 사람이 의외로 많다. 그들은 낡은 틀에 얽매여 일의 효율을 떨어뜨리고 귀한 시간을 헛되이 써버린다. 꽉 막힌 사고방식은 정말이지 자신뿐 아니라 타인에게도 득 될 것이 하나 없다.

칼이 무서울까? 사람이 무서울까?

실패가 뭐라고 생각하는가? 실패는 더 멋진 경지에 도달하기 위한 첫 걸음이다.

필립스(미국의 운동선수)

한 남자가 실연의 아픔을 견디지 못하고 출가를 결심했다. 그는 무작정 절을 찾아가 주지스님에게 자신을 받아달라고 부탁했다.

"저는 한 번도 쉬운 사랑을 해본 적이 없습니다. 이제 사랑이 두렵고 저도 지쳤습니다. 스님, 절 받아주십시오. 이제부터 속세의 모든 사랑과 인연을 끊고 싶습니다."

주지스님은 현실에서 도피하고 싶어 하는 젊은이를 흔쾌히 받아들일 수 없었다. 스님은 아무 대답도 하지 않고 조용히 밖으로 나가 과도를 가지고 들어왔다. 그리고 마치 젊은이를 찌르기라도 할 것처럼 칼을 들고 성큼성큼 다가왔다.

"스님! 그걸로 뭐하시려고 그러십니까!"

젊은이는 소스라치게 놀라며 소리쳤다. 그는 주지스님이 칼을 내려놓고 나서야 안도의 한숨을 내쉬었다. 방금 전까지 살벌했던 주지스님의 표정이 금세 부처님처럼 자비로워졌다. 스님은 젊은이에게 물었다.

"만약 악인이 칼을 들고 당신에게 다가온다면 어떨 것 같습니까?"

"당연히 무섭죠!"

젊은이는 놀란 가슴을 쉽게 가라앉히지 못했다.

스님이 다시 물었다.

"칼을 든 사람이 악인이 아니고 당신 어머니라고 해도 무서웠을까요?"

젊은이가 잠시 머뭇거리다 대답했다.

"어머니라면 요리를 하려고 칼을 드셨을 겁니다. 나를 해칠 분이 아니라는 걸 아는데 제가 무서워할 이유가 없죠."

스님이 고개를 끄덕이며 다시 물었다.

"탁자에 칼이 하나 놓여 있고 아무도 그것을 들고 있지 않다면 어떨 것 같습니까? 그 칼이 두려울까요?"

"아뇨."

젊은이가 고개를 가로저었다.

"탁자 위에 놓인 칼은 그저 칼일 뿐인데 두려울 리가 있겠습니까?"

스님의 얼굴에 웃음이 번졌다.

"그대가 두려워 피하고 싶은 사랑의 감정 역시 이 칼과 다르지 않습니다. 사랑의 감정 자체가 두려운 게 아니라 사람이 그것을 두렵게 만드는 겁니다. 그렇다면 그 감정을 피한다고 해서 무슨 의미가 있을까요?"

젊은이는 그 말에 큰 깨달음을 얻고 출가하려던 결심을 접었다.

내 친구 중에 무척이나 개방적이고 잘 노는 이가 하나 있다. 일이 없을 때면 음주가무를 즐기고, 애인도 수시로 바뀌었다. 그런 그가 예전에는 착실하고 보수적인 사람이었다면 과연 누가 믿을까? 그런데 그게 사실이다.

한때 그는 미국에 유학하고 있는 첫사랑을 깜짝 놀라게 해주고 싶어 무작정 비행기를 타고 미국으로 날아갔다. 그런데 부푼 기대를 안고 찾아간 그녀의 집에서 그는 끔찍한 현실과 마주해야 했다. 그녀에게 다른 남자가 생긴 것도 모자라 함께 동거까지 하고 있었던 것이다. 이때의 경험이 그를 전혀 다른 사람으로 바꾸어놓았다.

“한 여자만 바라보며 내 사랑을 모두 쏟아부었는데 결국 돌아온 건 배신뿐이었어. 그때부터 사랑을 믿지 않게 됐지. 누구를 만나도 놀고 즐기면 그만이라고 생각하게 됐어. 그러면 상처받을 일도 없잖아!”

이와 정반대인 경우도 있다. 아내의 외도로 이혼을 한 친구였다. 힘든 일을 겪은 그를 만나 이렇게 물어보았다.

“이제 사랑이 두렵지 않아?”

그러자 그는 고개를 가로저으며 이런 말을 했다.

“아니. 그녀와 사는 동안 양심에 부끄러운 일을 한 적이 없어. 그런 내가 무엇 때문에 사랑을 두려워하겠어?”

시간이 흐르고 그는 새로운 여자를 만나 행복한 가정을 꾸려 잘 살고 있다.

만약 인생이 시험의 연속이라면 관문을 통과할 때마다 전혀 새로운 관문이 또다시 우리를 기다리고 있을 것이다. 사랑, 우정, 돈, 명예, 지위 등 우리는 살면서 참 많은 시험 문제를 멋지게 풀어내야 한다.

누구도 인생의 관문을 모두 통과할 수는 없다. 때로는 다치고 넘어져 상처투성이가 되기도 한다. 그럴 때면 또다시 관문을 통과할 엄두가 나지 않아 아예 현실 도피를 선택하는 사람도 있다.

그러나 도피는 절대 두려움으로부터 우리를 자유롭게 해주지 못한다. 마음의 소리에 귀를 기울이고 현실과 솔직하게 마주해야 비로소 다음 관문을 멋지게 통과할 능력도 생긴다.

생활 속의 도전은 늘 우리를 피곤하게 한다. 심지어 도피하고 싶을 때도 있다. 그러나 도피한다고 문제가 해결되지는 않는다. 도리어 문제만 더 커질 뿐이다. 성실하고 솔직하게 문제와 대면해보자. 그래야만 해결의 실마리도 찾을 수 있다.

산기슭에서의 행복

위대해지고 싶다면 기꺼이 평범해져라. 산 정상에 올라갔다 해도 언젠가 내려와야 하는 게 인생이다. 자기 역할에 충실한 인생이야말로 가장 빛난다.

로맹 롤랑

어느 나라에 연로한 국왕이 있었다. 이젠 왕위에서 물러나야 할 때라 생각하고 그는 하나뿐인 아들에게 왕관을 물려주기로 했다. 그러면서 그는 한 가지 조건을 달았다.

"왕위에 오르고 싶다면 이 나라에서 가장 높은 산의 꼭대기에서만 자란다는 신목(神木)을 가져오너라."

왕자는 그 길로 신목을 찾아 길을 떠났고, 1주일 후 거대한 나무를 한 그루 베어와 왕 앞에 대령했다.

국왕은 고개를 가로저으며 그를 꾸짖었다.

"산꼭대기는 기온이 낮지 않으냐? 이렇게 잎이 넓은 나무가 그런 곳에서 자랄 리가 없지. 그러니 이것은 산꼭대기에서 가져온 신목이 아니다!"

사실 왕자는 처음부터 힘들게 산꼭대기까지 올라갈 생각이 없었다. 그래서 그는 산 아래 기슭에서 대충 눈에 띄는 나무를 골라 베어왔던 것이다. 거짓말이 들통나자 왕자는 고개조차 들 수가 없었다. 왕은 다시 한 번 기회를 줬다.

한 달 후 왕자가 다시 돌아왔다. 이번에도 그는 엄청나게 큰 나무를 국왕 앞에 가져다놓았다. 그것을 본 국왕이 말했다.

"이것은 침엽수가 아니냐? 잎이 뾰족하고 가늘어 추위에 잘 견디는 나무지. 높은 산에서 자라는 나무가 확실하구나."

왕자는 얼굴에 안도의 표정이 떠올랐다.

하지만 왕의 날카로운 안목을 피해갈 수는 없었다.

"그렇기는 하나 산꼭대기에 있는 나무가 이렇게 곧게 자란다는 것은 말이 되지 않는다. 강한 바람을 견뎌내다 보면 줄기가 휘어질 수밖에 없지. 그러니 이 나무 역시 산꼭대기에서 자라는 신목은 아니로구나."

국왕의 말이 또 맞았다. 사실 왕자는 산에 오르기는 했지만 산꼭대기까지 가기가 너무 힘들어 중간에 포기하고 말았던 것이다.

왕위에 오르고 싶은 왕자로선 세 번째 여정을 떠나지 않을 수 없었다.

이번에는 1년이라는 긴 시간이 걸렸다. 궁으로 돌아온 왕자의 모습은 너무나 충격적으로 변해 있었다. 새까맣게 탄 데다 비쩍 말라 이루 말할 수 없이 초췌해 보였다. 게다가 이번에는 빈손이었다.

그는 국왕 앞에 무릎을 꿇고 앉아 인사를 올렸다.

"아바마마, 이번에는 하늘에 맹세코 분명 산꼭대기까지 올라갔습니다. 그런데 그곳이 워낙 춥고 바람이 매섭다 보니 나무는커녕 풀 한 포기조차 구경할 수 없었습니다."

국왕의 얼굴에 미소가 번졌다. 그는 왕자를 일으켜 세우며 이렇게 말했다.

"아들아, 그 이치를 깨달았다면 이제 왕위는 너의 것이다! 내가 너를 산꼭대기로 보낸 이유는 그 과정에서 깨달음을 얻기를 바랐기 때문이란다."

어느 날, 지하철을 타고 가다가 한 모녀가 주고받는 이야기를 듣게 되었다. 일고여덟 살쯤 되어 보이는 여자아이가 엄마에게 말했다.

"엄마, 난 커서 아이돌 가수 될래."

"그게 얼마나 힘든데!"

"왜?"

"텔레비전에 나오는 가수들 보면 춤이며 노래며 못 하는 게 없지? 그 언니 오빠들이 태어날 때부터 그렇게 잘했을까? 그러려면 얼마나 많이 연습해야 하겠어? 다이어트하느라 맛있는 것도 제대로 못 먹을걸? 그래도 하고 싶어?"

아이는 선뜻 대답하지 못했다. 그 모습을 보니 미소가 절로 지어졌다.

우리 역시 이 아이와 다르지 않다는 생각이 들었다. 우리는 늘 최고의 자리에 있는 사람들이 누리는 명성, 권력, 부와 같은 것들을 부러워하곤 한다. 하지만 그들은 그것들을 모두 타고난 것일까?

우리는 눈에 보이는 성과를 부러워하기만 할 뿐 산꼭대기에 오르기 위해 반드시 치러야 하는 대가는 생각하지 않는다. 그곳이 얼마나 춥고 바람이 매섭게 휘몰아치는지는 관심 밖이다.

어쩌면 그 모든 것을 알기에 산꼭대기까지 올라갈 용기를 내지 못하는지도 모른다. 그러나 생각을 바꾸면 또 다른 행복이 우리를 기다리고 있지 않을까? 산꼭대기보다 상대적으로 따뜻한 산기슭에서 꽃과 나무를 구경하는 것도 인생의 즐거움이 될 수 있다.

성공한 사람을 보고 부러워하는 것은 인지상정이다.
그러나 그들이 최고의 자리에 오르기까지 견뎌낸
지독한 고독과 시련에 관심을 두는 사람은 많지 않다.
다른 사람의 성공이 눈부시게 아름답다고 해서 거기에
눈길을 빼앗길 필요는 없다. 자신의 역할에 충실하고
본분을 지킬 줄 안다면 누구나 세상에서 가장 즐겁고
행복한 사람이 될 수 있다.

누가 불을 질렀을까?

복수를 용기라고 착각하지 마라. 참는 것이야말로 진짜 용감한 행동이다.

윌리엄 셰익스피어

어느 농장에 큰 불이 나서 곡식 창고와 집이 모두 잿더미로 변해버렸다. 경찰이 화재 현장을 조사해보고는 농부에게 말했다.

"집에서 곡식 창고까지는 거리가 꽤 되는데 거의 동시에 불이 붙었더군요. 정말 이상하지 않습니까? 사고가 아니라 누군가 일부러 불을 지른 것 같습니다."

농부가 울상이 되어 경찰에게 말했다.

"제대로 보셨습니다. 방화가 확실합니다!"

"그럼 누구 짚이는 사람이라도 있는 겁니까? 진작 말씀하셨어야죠! 그랬으면 범인을 좀 더 빨리 잡았을 거 아닙니까?"

"말한들 무슨 소용이 있겠어요."

농부가 한숨을 쉬며 지친 표정으로 말을 이어갔다.

"우리 집에 불을 지른 건 사람이 아니고 쥐랍니다."

경찰은 농부가 무슨 말을 하는지 도무지 이해할 수 없었다. 그러자 농부는 쥐가 불을 지른 자초지종을 상세히 들려주었다.

몇 달 전, 농부는 쥐가 창고를 들락거리며 곡식을 훔쳐 먹는다는 사실을 알게 되었다. 피해가 그리 크지는 않았지만 농부는 불쾌하고 화가 나서 이놈의 쥐를 단단히 혼내주기로 마음먹었다.

농부는 덫을 놓기도 하고, 쥐약을 넣은 먹이를 창고 곳곳에 뿌려두기도 했다. 그런데 이 쥐란 놈이 얼마나 똑똑한지 도통 걸려들지 않았다. 농부는 화가 머리끝까지 뻗쳤다. 쥐가 찍찍거리는 소리조차 자신에게 도전장을 내미는 것만 같아 신경이 거슬렸다.

어느 날 밤, 농부는 텀벙텀벙 하는 소리에 잠에서 깨어났다. 소리 나는 곳으로 가보니 쥐가 기름통에 빠져 허우적거리며 빠져나오려고 안간힘을 쓰고 있었다. 그 모습을 보며 농부의 머릿속에 드디어 복수의 기회가 왔다는 생각이 스치고 지나갔다. 그는 곧장 성냥에 불을 붙여 기름통에 던져넣었다.

순식간에 불길에 휩싸인 쥐는 기름통 속에서 발버둥을 치다가 가까스로 통 밖으로 기어나왔다. 문제는 그때부터 시작되었다. 온몸에 불이 붙은 쥐는 사방을 휘젓고 다니다 창고에 쌓여 있던 볏짚으로 파고들었고, 볏짚에 옮겨붙은 불길은 잠깐 사이에 온 창고로 번졌다. 사태는 여기서 그치지 않았다. 불덩어리가 된 쥐는 곧장 그의 집을 향해 달려갔고, 결국 집마저 불길에 스러져버렸다.

이렇게 해서 농부는 원수 같은 쥐를 불에 태워 죽이려다 결국 자기 재산마저 몽땅 태워버리고 말았다. 사실 그동안 쥐가 훔쳐 먹은 곡식은 홀라당 다 타버린 그의 곡식 창고와 집에 비하면 새 발의 피도 못 되었다. 이게 바로 빈대 한 마리 잡으려고 초가삼간 다 태워버린 꼴이 아닐까?

예전에 알고 지내던 회사 동료가 소송에 휘말렸다는 얘기를 듣게 되었다. 그녀에게는 애인이 있었는데 사귄 지 얼마 안 돼 그 남자가 양다리를 걸치고 있다는 사실을 알게 되었다고 한다. 심지어 자신보다 더 오래 만난 여자였다는 것이다.

그녀는 분을 삭이지 못하고 복수를 결심했다. 상대 여자의 전화번호를 알아내 수시로 전화를 걸어서 아무 말 없이 수화기를 들고 있다 끊기를 반복했다. 결국 상대 여자는 참지 못하고 경찰에 신고했고, 그녀를 고소하기에 이른 것이다.

처음 이런 이야기를 들었을 때 순간 내 귀를 의심했다. 내가 알던 그녀는 인간관계도 좋고, 착하고 친절한 사람이었다. 그런 그녀가 복수에 눈이 멀어 상대방뿐 아니라 자신에게마저 큰 상처를 입힌 것이다.

상대가 잘못을 해도 최대한 관용을 베풀라는 말이 있다. 그러고 보면 이 말은 잘못을 저지른 사람을 위해서가 아니라 바로 우리 자신을 보호하기 위해 나온 말인 듯싶다.

복수는 분명 가슴에 맺힌 응어리를 풀어주는 역할을 한다. 다만 복수에는 함정이 있다. 그 불길을 제어하지 못했을 때 타인뿐 아니라 자신까지 다 태워버리기 때문이다. 그러니 자신을 보호하기 위해서라도 타인의 잘못에 관대해져보자.

나로부터 시작되는 변화

행동 하나하나가 모여 자신의 역사가 된다.

지훙창(吉鴻昌, 중국의 정치가)

여러 해 동안 수행에 몰두하고 있는 스님이 있었다. 그런데 쉽게 떨쳐버릴 수 없는 마음의 끈 하나가 그를 괴롭혔다. 바로 불의를 저지르는 사람을 보면 도저히 그냥 넘기지 못하는 성격이었다. 부처님의 가르침을 거스르는 이 마음이 계속 그의 수행을 방해했다.

어느 날, 스님은 탁발을 하기 위해 절을 나서 마을로 향했다. 발길 닿는 대로 어느 집 대문에 들어서자 농사꾼의 아낙이 그를 반갑게 맞아주었다. 그녀는 날씨가 덥다며 시원한 차까지 내주었다. 그런데 아낙네의 얼굴에는 겸연쩍은 표정이 역력했다.

"스님, 저희 집이 워낙 가난해 대접할 만한 음식이 없습니다. 괜찮으시다면 남은 찬밥으로 주먹밥을 만들어 시주해도 될까요?"

그때 무심코 시선을 돌린 스님의 눈에 마루 구석에 놓인 밥솥이 눈에 들어왔다. 뚜껑을 닫지 않아 파리떼가 밥 위에 잔뜩 붙어 있었다. 스님은 저 밥을 먹었다가는 없는 병도 생기겠다 싶어 완곡하게 거절했다.

"절에 아직 쌀이 남아 있으니 그 마음만 감사히 받겠습니다."

1주일 후, 아낙네가 부처님께 공양하기 위해 식혜를 잔뜩 만들어 가지고 왔다. 스님은 식혜를 맛본 후 그 달콤한 맛에 흠뻑 빠져들었다. 아낙네도 스님이 맛있게 드시는 모습을 보자 덩달아 기분이 좋아졌다.

"지난번에 탁발을 오셨을 때 쌀 한 톨 내드리지 못해서 계속 마음이 편치 못했습니다. 그래서 그때 남은 찬밥으로 식혜를 만들어봤죠. 이렇게 좋아하시니 만들기를 잘했다는 생각이 드네요."

스님은 순간 자신의 귀를 의심했다. 그리고 잠시 후 껄껄거리며 호탕한 웃음을 터뜨렸다. 그 찰나의 순간 그는 커다란 깨우침을 얻은 것이다.

'파리가 잔뜩 낀 찬밥이 달디단 식혜가 되어 나의 입을 즐겁게 해주는구나. 그런데 나는 왜 사람의 악한

마음도 선하게 바뀔 수 있다는 생각을 하지 못했을까?'

이때부터 그는 자비로운 마음으로 모든 사람을 대할 수 있게 되었다.

얼마 전에 이런 기사를 보았다. 조직폭력단 보스가 교도소에서 나온 후 어떻게든 사회에 진 빚을 갚고 싶었다. 그런데 수중에 기부할 만한 돈도 없고, 남을 도울 수 있는 특별할 재주도 없었다.

아무리 궁리해도 뾰족한 수가 떠오르지 않았다. 그러다 문득 오랫동안 키워온 개가 눈에 들어왔다. 덩치가 크고 제법 멋지게 생긴 개였다. 그는 곧바로 판자를 하나 구해다가 이렇게 썼다.

'단돈 10위안으로 멋진 개와 사진 한 장 찰칵! 수익은 모두 공익단체에 기부됩니다!'

별 기대 없이 시작한 일이었지만 이 기발한 모금 방식은 사람들의 관심을 끌어모으기 시작했다. 그 덕에 그는 기부할 만큼의 돈을 모을 수 있었다.

이 흐뭇한 기사를 읽으며 사람의 마음은 언제든 변할 수 있고, 그것은 누구에게도 예외가 아니라는 생각이 들었다.

우리가 더 나은 사람이 될지, 아니면 더 나쁜 사람이 될지를 결정하는 변화의 주체는 바로 자신이다. 그 변화의 열쇠가 우리 손에 쥐어져 있기 때문이다.

사람의 마음은 흐르는 물과 같아서 한 자리에 머무르지 않는다. 우리는 남의 생각을 좌지우지할 수 없지만 자기 영혼을 더 나은 길로 인도할 수는 있다. 생각을 행동으로 옮길 줄 안다면 누구나 편견의 벽을 뛰어넘어 세상에 보탬이 되는 사람으로 거듭날 수 있다.

Seize the Day

지옥보다 더 무서운 것

진취적이고 모험을 즐기는 사람이 가장 멀리 간다.

데일 카네기(미국의 경영 컨설턴트)

지옥의 마귀들이 저마다 자신의 능력을 뽐내며 허세를 부렸다. 첫 번째 마귀가 말했다.

"내가 지금까지 지옥으로 떨어뜨린 인간이 백 명도 넘는다고!"

"쳇! 무식하게 힘만 앞세운 주제에!"

두 번째 마귀의 자랑이 이어졌다.

"나는 이 세 치 혀로 인간들을 속여 지옥으로 끌어들였어. 내 말에 속아넘어간 인간이 천 명은 될걸?

"흥, 너희가 아무리 잘난 척해도 내 발꿈치도 못 따라와!"

세 번째 마귀가 콧방귀를 뀌더니 거만하게 입을 열었다.

"난 만 명도 넘어!"

그 말에 다들 놀라 입을 다물지 못했다.

"정말? 어떻게 했는데? 힘으로 잡아왔어? 아니면 말로 꼬였어?"

"아니! 다들 스스로 지옥을 선택하던데?"

"그게 말이 돼?"

"난 인간들의 자유의지를 존중하기 위해 두 가지 선택의 기회를 줬을 뿐이야. 한 치 앞도 보이지 않는 동굴 속으로 들어갈지, 아니면 직접 지옥문을 열고 걸어 들어갈지 둘 중에 하나를 고르라고 했거든. 그랬더니 약속이나 한 것처럼 다들 후자를 선택하더라고."

"과연 끝내주는 방법이네! 근데 동굴 안에 얼마나 무서운 게 있기에 인간들이 그렇게 겁을 먹었지?"

마귀의 얼굴에 한심한 인간들을 조롱하는 듯한 웃음이 번졌다.

"사실 동굴 안에는 아무것도 없었어. 게다가 몇 걸음만 걸어가면 너무나 쉽게 동굴을 빠져나갈 수 있었지. 그런데 인간들은 참 한심해. 한 치 앞도 볼 수 없는 동굴이라는 이유로 지옥문을 택했으니 말이야."

음악을 무척이나 좋아하는 쌍둥이 자매가 있었다. 둘 다 음대에 진학해 피아노를 전공했지만 막상 졸업하고 나니 취직이 쉽지 않았다. 어쩔 수 없이 두 사람은 대학원에 들어가 교직 과정을 이수하고 임용고시를 봐서 음악교사가 되기로 했다.

그런데 안타깝게도 교사가 되는 길도 순탄치만은 않았다. 한 학교에서 채용하는 음악교사는 두세 명밖에 되지 않는데 지원자는 수천 명이 몰리다 보니 경쟁률이 너무 높았다. 자매는 시험 운도 따라주지 않아 몇 년간 연속으로 시험에 낙방하고 말았다.

언니는 오기가 생겨 계속 시험에 매달렸고, 동생은 단호하게 시험을 포기하고 레스토랑에서 피아노 연주를 하며 돈을 벌기로 했다. 언니는 안타까운 마음에 극구 말렸다.

"그런 곳은 수입이 일정치가 않아. 지금 힘든 거 다 알아. 하지만 어리석은 선택은 하지 말아야지. 조금만 더 참고 나랑 같이 임용고시 준비하자."

그러나 동생은 계속 고집을 피웠고, 두 사람의 갈등은 깊어만 갔다.

몇 년이 지난 후 이 둘은 어떻게 되었을까? 언니는

여전히 시험을 통과하지 못했지만 동생은 음반회사에서 작곡가로 활동하며 멋진 인생을 살고 있었다. 동생은 레스토랑에서 가끔 자작곡을 연주하기도 했는데 우연히 그곳에 들른 음반회사 사장의 눈에 들어 인생이 180도 달라졌다고 한다.

인생이라는 길에는 지도는 물론 가이드북도 없다. 인생의 갈림길에 섰을 때 안전해 보이는 길이라고 해서 가장 순탄할 거라고 장담할 수 없다. 반대로 험난해 보이는 길이라도 그것을 선택하겠다는 용기만 있다면 그 길이 더 넓은 세상으로 우리를 인도할 수 있다.

"산이 돌지 않으면 길을 돌리고, 길이 돌지 않으면 사람이 돌아가고, 사람이 돌아갈 수 없으면 마음을 돌려라"라는 말이 있다. 용기를 내 도전해보자. 또 다른 기회의 문이 열리고, 완전히 다른 인생이 우리 앞에 펼쳐질 것이다.

Seize the Day

나비의 생존전략

너의 길을 걸어라, 누가 뭐라고 하든지.
단테

나비 두 마리가 알 낳을 곳을 찾아 헤매다 잎이 무성한 나무 두 그루를 발견했다. 한 마리가 먼저 첫 번째 나무로 날아갔다. 그리고 가장 알맞은 장소를 찾아 조심스럽게 알을 세 개 낳았다. 다른 나비가 그 모습을 보고 큰 소리로 비웃었다.

"너 바보냐? 그렇게 한 곳에 알을 다 낳으면 어떡해? 그것도 고작 세 개? 그러다 새가 몽땅 먹어치우면 어쩌려고."

나비는 두 번째 나무로 날아가 바쁘게 이곳저곳 날아다니며 서른 개가 넘는 알을 낳았다. 한참 후 나비가 안도의 숨을 몰아쉬며 득의양양하게 말했다.

"이렇게 여러 군데 분산시켜서 많이 낳아야 부화할

확률이 높아지지 않겠어? 이게 바로 생존을 위한 나만의 똑똑한 처세술이지."

며칠이 지나자 두 그루의 나무에서 알들이 하나둘씩 부화하기 시작했다. 처음에는 별다른 차이가 없는 듯 보였고, 애벌레들은 나뭇잎을 갉아먹으며 하루하루 조금씩 자라났다.

첫 번째 나무에 있는 애벌레 세 마리는 전부 순조롭게 번데기 과정을 거쳐 아름다운 나비가 되었다.

그런데 다른 나무에서 자라던 애벌레 서른 마리는 시간이 지날수록 갉아먹을 잎이 부족해 나비가 되기도 전에 모두 죽어버리고 말았다.

사실 사람들은 대부분 두 번째 나비와 같은 성향을 가지고 있다. 알 수 없는 내일을 위해 나름대로 전략을 짜면서 뭐든지 최고만 좇으면 실패하지 않는 인생을 살 거라고 믿는다. 주위를 돌아보면 자신의 아이가 출발부터 남에게 뒤지는 꼴을 보고 싶어 하지 않는 부모들이 얼마나 많은가. 그래서 유명한 사립학교에 아이를 입학시키고 영재교육을 시키기 위해 혈안이 되어 있다. 그 아이들은 자라서도 누구나 알아주는 대기업에만 몰려들고, 작은 회사는 성에 차지 않는다.

그러나 이런 인생전략이 행복을 보장할 거라고 누가 장담할 수 있는가? 우리가 이런 전략에 매달려 바쁘게 사는 동안 더 많은 즐거움과 기회를 잃고 있지는 않을까?

외동딸을 금지옥엽처럼 키우며 그 딸만 바라보고 사는 아버지가 있었다. 딸이 자라 애인이 생기자 그는 남자의 집이 가난하다는 이유로 결사 반대했다. 그가 꿈꾸는 사윗감은 학력, 연봉, 외모가 완벽하게 삼박자를 이루는 남자여야 했다. 그 정도는 되어야 딸을 평생 맡길 수 있을 것만 같았다.

결국 순종적인 딸은 아버지를 거역하지 못하고 애인과 헤어졌다. 그리고 얼마 후 친척의 소개로 한 남자를 만나 결혼했다. 미국 명문대 출신으로 키가 훤칠하고 머잖아 부친의 회사를 물려받아 경영할 남자였다.

몇 년이 지났다. 아버지는 남부러울 것 없이 사는 딸의 모습을 보며 더 이상 바랄 것이 없다고 생각했다. 그러던 어느 날 밤, 시끄러운 전화벨 소리가 그를 깨웠다. 딸이 남편에게 얻어맞아 응급실에 실려갔다는 청천벽력 같은 소리가 수화기를 타고 전해졌다. 병원에 도착해서야 그는 딸이 오랫동안 가정폭력에 시달리면서도 그 사실을 숨기고 있었다는 사실을 알게 되었다.

그는 그제야 자신의 선택을 후회했다. 겉으로 드러난 조건만 보고 딸의 배우자를 고른 결과, 도리어 딸을 불구덩이로 밀어넣고 만 것이다.

사회에서 가치 있다고 여겨지는 조건을 맹목적으로 따르는 것이 행복과 비례하지는 않는다. 진정한 행복을 찾고 싶다면 자신이 옳다고 생각하는 길로 과감히 발을 내디딜 줄 알아야 한다.

너 나 할 것 없이 사람들은 그저 돈 많고, 고급 승용차를 몰고, 비싼 집에서 사는 것이야말로 행복이라고 여긴다. 그러나 그것은 다른 사람의 눈에 비친 행복일 뿐, 당신도 그 안에서 행복하리라는 보장은 없다. 맹목적으로 남의 기준에 맞춰 쫓아가기보다는 내가 원하는 것을 찾아 자신에게 충실하자. 가장 얻기 힘든 행복이 바로 그 안에 있다.

part 2

껍데기를 벗어던져라!

가족과 남의 차이

따뜻하고 넓은 마음으로 사람을 대하세요. 서로의 생활이 즐거워지니 이보다 더 중요한 게 또 있을까요?

마쓰시타 고노스케(일본의 기업인, 파나소닉 창립자)

한 여자가 친구 집에 식사 초대를 받아 갔다. 그곳에서 그녀는 친구 시어머니에게 깊은 인상을 받았다. 나이 들어 백발이 성성한데도 정갈하고 기품이 넘쳤을 뿐 아니라 항상 미소를 잃지 않았다. 심지어 며느리에게도 손님 대하듯 깍듯하게 예의를 지켰다. 며느리가 차를 내오면 황송할 정도로 고맙다는 표현을 했다.

"정말 고마워요. 나 때문에 고생이 많네요."

식탁 앞에서도 시어머니는 며느리의 음식 솜씨를 연신 칭찬하며 잘 먹겠다는 인사를 잊지 않았다. 이러한 모습을 바라보며 여자는 살뜰한 시어머니를 모시고 사는 친구가 너무나 부러웠다.

식사를 마친 후 여자가 친구에게 인사치레를 했다.

"오늘 나 때문에 음식 차리느라고 고생 많았겠다. 정말 맛있게 잘 먹었어."

그때 옆에 있던 시어머니도 한마디 거들었다. 그런데 그 말을 듣는 순간 여자는 고개를 갸우뚱했다.

"이렇게 식사를 대접해주니 나도 고마워요. 우리가 서로 모르는 사이인데도 이렇게 잘해주다니 정말 뭐라고 감사를 해야 할지 모르겠네요."

여자는 친구와 단둘이 되자 시어머니가 왜 그런 이상한 말을 했는지 물어보았다.

"사실은…… 시어머니가 치매에 걸리셨어. 나를 못 알아보신 지 몇 년 돼."

놀라운 얘기였다.

"그래도 어머니랑 사이가 좋으니 그나마 다행이다."

"말도 마. 어머니가 치매에 걸리시기 전까지는 고부 사이가 완전 살얼음판을 걷는 것 같았어. 내가 뭘 하든 다 탐탁지 않아 하셨거든. 그런데 치매에 걸려 내가 누군지 까맣게 잊어버리고 나니까 도리어 사이가 좋아지기 시작한 거야. 웃기지?"

갑자기 친구가 한숨을 내쉬었다.

"그런데 그 차이가 뭔지 아니? 어머니가 전에는 나

를 가족으로 여기셨는데, 병에 걸리고 나서는 나를 남으로 대하시는 거야."

이 이야기를 통해 우리가 사람을 대하는 태도에 대해 되돌아보게 된다. 남에게는 예의를 차리고 백번 양보하면서 가족에게만은 왜 그렇게 못하는지 모르겠다. 가족은 '내 편'이니까 모진 소리를 해도 괜찮다고 무의식중에 생각하는 걸까?

내 친구 하나가 남편과 크게 다투고 이혼하겠다고 난리를 쳤다. 싸움은 아주 사소한 일 때문에 일어났다. 남편이 깜박 잊고 베란다 등을 안 끄고 들어온 것이다.

"사소한 문제 가지고 일을 너무 크게 만드는 거 아냐? 베란다 등 같은 건 네가 대신 끌 수도 있잖아."

그러나 그녀는 아주 단호하게 대답했다.

"아니! 그건 아니라고 봐. 그런 나쁜 습관은 애초에 뿌리를 뽑아야 해."

"그럼 베란다에 센서를 달아. 베란다에 사람이 나오면 불이 켜지고, 들어가면 자동으로 꺼지게. 그러면 편할 거 아냐?"

돌아온 대답은 더 기가 막혔다.

"그럴 수야 없지. 그 사람이 편하게 사는 꼴은 못 보거든."

정말 어디에 장단을 맞춰야 할지 알다가도 모를 노릇이었다. 양보하면 진다고 생각하는 모양이었다. 부부가 무슨 시합을 하는 것도 아닌데 누가 이기고 누가 지는 것이 그리도 중요할까?

사실 가족이라는 이유로 다 이해할 거라는 착각은 버려야 한다. 가족 간의 갈등도 서로 고쳐나가려는 노력이 없으면 가정의 붕괴로 발전할 수밖에 없다. 시작은 그리 어렵지 않다. 서로에게 화를 내기보다 칭찬을 더 많이 하고, 트집을 잡기보다 인정하고 받아들이는 것부터 시작하면 된다. 그러다 보면 우리 생활 속에서 흔히 볼 수 있는 고부 갈등, 부부 싸움, 부모와 자녀 사이의 갈등이 어느 순간 사라질 수 있다.

남에게는 친절하고 예의를 차리면서 왜 가족에게는 그렇게 못하는 걸까? 남에게 하듯 가족을 대해보자. 방식을 바꾸는 것만으로 가족은 더 가까워지고 웃음이 갈등을 대신할 것이다.

말은 끝까지 들어야지!

아무리 금과옥조 같은 말을 쏟아내도 귀담아듣지 않으면 아무 소용이 없다.

독일 격언

아내가 무서워 감히 바람 피울 엄두도 내지 못하는 남자가 있었다. 그는 자신이 바람을 피우면 아내가 어떤 반응을 보일지 궁금해졌다. 그래서 넌지시 아내의 생각을 떠보기로 했다.

어느 날, 그가 지나가는 말로 장난처럼 물었다.

"여보, 나한테 여자가 생기면 어떻게 할 거야?"

아내가 그를 흘겨보며 버럭 화를 냈다.

"뭐? 여자 생겼어?"

"아니! 그게 아니라 그냥 궁금해서 물어보는 거야."

"그래?"

아내는 의심의 눈초리를 거두고 잠시 고민에 빠졌다.

"음…… 만약 당신한테 여자가 생기면…… 눈감아

줄게!"

남자는 면죄부라도 얻은 듯 기분이 좋아져 한 술 더 떴다.

"와! 당신이 이렇게 생각이 확 트인 사람인 줄 오늘 처음 알았네! 당신도 알겠지만 남자가 사회생활 하다 보면 여자도 만나게 되고……."

남자는 이참에 아예 약속까지 받아낼 기세였다.

"당신 입으로 눈감아준다고 했지? 나한테 여자가 생기면 그 말 꼭 지켜?"

아내는 그런 남편을 한심하다는 듯 바라보며 냉랭한 목소리로 대답했다.

"그럼! 눈감아줘야지. 한쪽 눈만! 당신을 정확히 조준해서 방아쇠를 당기려면 당연히 한쪽 눈을 감아줘야 하지 않겠어?"

이래서 사람 말은 끝까지 들어봐야 한다는 말이 나왔나 보다.

직장 생활에 회의를 느끼고 있는 젊은이가 있었다. 어느 날 우연히 책 한 권이 눈에 들어왔다. 별 생각도 없이 무심히 책장을 넘겨보다가 딱 한 구절에 시선이 꽂혔다.

'일의 노예가 되지 말고 용감하게 꿈을 좇아라.'

당시 그는 자신이 원하던 답이라도 얻은 것처럼 환호성을 질러댔다.

"바로 이거야! 지금 내가 하는 일이 하나도 즐겁지 않다면 계속 질질 끌려다닐 필요가 없는 거잖아?"

그는 과감하게 직장에 사표를 냈다.

그 후 그는 매일 집에서 빈둥거리며 아무 생각 없이 시간을 보냈다. 이 '새로운 생활'은 분명 편하고 즐거웠다. 하지만 매일 줄어드는 통장 잔고가 점점 그를 압박하기 시작했다. 다시 직장을 구하려 해도 생각처럼 쉽지가 않았다. 상황이 이렇게 되자 그는 엄한 데 화풀이를 해댔다.

"이게 다 그 책 때문이야! 그 책에 속아서 내가 이 모양 이 꼴이 됐다고!"

투덜대다 그는 문득 그 책의 내용이 궁금해졌다. 그는 일부러 책을 구해다가 본격적으로 읽어보았다. 다 읽어보니 꿈이 있는 인생을 살아야 한다는 저자의 말이 긴 여운을 남기는 책이었다. 그런데 저자가 강조한 말이 하나 더 있었다. 바로 꿈을 좇으려면 반드시 현실에 발을 붙이고 성실하게 살아야 한다는 것이었다. 이 젊은이는 꿈을 좇아야 한다는 말에만 현혹되어 뒷얘기는 거들떠보지도 않은 것이다. 그러니 그의 입장에서는 그 책의 저자가 사기꾼처럼 보였을지도 모르겠다.

인생은 멈추기, 보기, 듣기의 삼박자가 고루 맞아야 한다. 잠시 멈춰 서서 자신이 원하는 것이 도대체 무엇인지 점검해야 하고, 그 목표를 향해 최선의 노력을 하고 있는지 돌아봐야 하고, 주변 사람들의 말에 귀를 기울여야 한다. 단, 말을 끝까지 듣기도 전에 자기가 원하는 쪽으로 속단하는 것은 금물이다.

옆 사람이 하는 말 한 마디, 글귀 한 구절, 책 한 권이 우리 인생에 큰 영향을 미칠 수 있다. 다만 자신이 듣고 싶은 말, 좋아하는 말만 뽑아 들어서는 안 된다. 아무리 듣기 싫어도 그것이 정곡을 찌르는 말이라면 끝까지 귀를 기울여야 한다. 이런 말은 늘 등대처럼 우리 인생을 정확한 방향으로 인도해주기 때문이다.

밀림의 왕은 누구?

포기하지 않으면 꿈은 이루어진다.

무명씨

밀림의 왕 사자가 왕좌에서 물러날 결심을 했다. 그는 가장 힘센 동물에게 왕위를 물려주겠다고 선언했다. 경쟁방식은 간단했다. 밀림 한가운데 있는 백 년 묵은 고목을 밀어 넘어뜨리기만 하면 누구라도 왕이 될 수 있었다.

밀림에서 힘 좀 쓴다는 동물들이 너 나 할 것 없이 고목으로 몰려들었다. 가장 먼저 도전한 동물은 코뿔소였다. 그는 자신만만하게 나무로 돌진했다. 그러나 나무는 꿈쩍도 하지 않았다.

몇 번을 들이받다 포기하고 기진맥진해진 코뿔소를 보며 코끼리가 거만하게 비웃었다.

"이봐, 친구! 네 능력으로는 어림도 없어. 나 정도

는 돼야지!”

코끼리는 길고 튼튼한 코로 나무를 휘감아 위로 힘껏 들어올렸다. 하지만 나무는 요지부동이었고 오히려 코끼리가 안타깝게도 중심을 잃고 뒤로 벌러덩 자빠지고 말았다.

그 모습을 보며 다른 동물들은 아예 도전할 엄두조차 내지 못했다. 그들은 모두 똑같은 생각을 하고 있었다. ‘코뿔소나 코끼리처럼 힘센 동물들도 못하는 일을 내가 할 수 있겠어?’

그 후 몇 년의 세월이 흐르는 동안 나무를 쓰러뜨려 보겠다고 나서는 동물은 단 한 마리도 없었다.

그러던 어느 날 새벽, 밀림에 엄청난 굉음이 울려 퍼졌다. 그 소리에 놀란 동물들이 뛰쳐나와 보니 백 년 묵은 그 고목이 뿌리째 뽑혀 나동그라져 있었다. 다들 믿을 수 없다는 표정으로 나무에서 눈을 떼지 못했다. 그런데 이상하게도 쓰러진 나무 옆에 있어야 할 힘센 동물의 모습이 보이지 않았다. 누가 나무를 쓰러뜨렸는지를 두고 동물들 사이에서 금세 설전이 벌어졌다.

바로 그때 나무 옆에서 희미한 소리가 들려왔다.

“제가 이 나무를 쓰러뜨렸어요…….”

동물들은 한참을 두리번거리고 나서야 아주 작은 흰개미 한 마리를 발견할 수 있었다. 다들 너무 놀라 눈이 휘둥그레졌다.

"네가 이 나무를 쓰러뜨렸다고? 그게 말이 돼?"

"밑동을 갉아먹다 보니 어느 순간 나무가 중심을 잃고 쓰러지던걸요."

소식을 듣고 달려온 사자는 믿을 수 없는 광경에 감탄을 금치 못했다.

"그 작은 몸으로 이렇게 큰 나무를 쓰러뜨리다니 정말 보고도 믿을 수가 없구나!"

"네, 보시다시피 저는 작고 힘도 세지 않죠. 하지만 제게는 시간이라는 무기가 있었답니다."

언젠가 유명한 소설가를 인터뷰한 적이 있었다. 그는 문단에서 주목받는 작가일 뿐 아니라 외국계 기업에서 오랫동안 근무한 인재이기도 했다.

당시 우리는 '꿈'에 대해 이야기를 나눴다. 그때 그는 내게 꿈을 이루는 공식을 알려주었다. '꿈 = 용기 + 노력 + 시간'이라는 것이었다. 사실 꿈은 쉽게 찾을 수 있는 게 아니다. 그 역시 몇십 년 동안 직장 생활을 하고 나서야 자기 꿈이 무엇인지를 깨닫게 되었다고 한다.

백번 공감한다. 꿈을 좇는 과정에서 '시간'은 가장 간과하기 쉬운 요소이기 때문이다. 자신을 단련하고 난관을 헤쳐나가기 위해서는 상당히 긴 시간이 필요하지만, 우리에게는 그런 끈기와 노력이 부족하다. 그래서 때로는 꿈을 향한 출발선에서 발을 떼기도 전에 포기하기도 한다.

주위에는 내 글솜씨가 부럽다고 말하는 사람들이 종종 있다. 그런데 나는 내 실력이 그렇게 뛰어나다고 생각해본 적이 없다.

대학 졸업 후 들어간 첫 직장이 잡지사였다. 그때부터 매달 몇 장짜리 원고를 작성해 제출하는 일이 반복되었다. 사실 당시 내 원고는 편집실 팀원들 것 중에서 가장 형편없었고, 편집장에게 퇴짜 맞는 비율도 가장 높았다.

이런 일이 반복되다 보니 직장 생활에 회의가 느껴졌다. 심지어 이직을 고민하기도 했다. 그때 편집장이 나를 불러 이렇게 말해주었다.

"날 때부터 잘하는 사람은 없어."

이 말이 내 마음을 움직였다. 그렇다! 지금 실력은 형편없지만 계속 쓰고, 고치고, 그렇게 노력하다 보면 언젠가 멋진 글을 쓸 날이 올 것이다. 나는 시간의 힘을 믿어보기로 했다.

직장이라는 밀림 속에서 코뿔소나 코끼리의 힘과 사자의 지혜를 가진 사람이 몇이나 될까? 그렇다고 절망할 필요는 없다. 우리가 보잘것없는 개미에 불과하다 해도 성공의 기회는 누구에게나 열려 있기 때문이다. 그 기회를 잡을 수 있는 무기가 바로 시간과 노력 그리고 용기다.

자신을 평범하다고 생각하는 사람들은 대부분 타인의 재능을 부러워한다. 그러나 그것 때문에 좌절할 필요는 없다. 시간은 누구에게나 공평하게 주어지고, 그 시간 동안 끈기와 노력을 보태면 경험과 지혜는 저절로 쌓이기 마련이다.

호의를 표현하는 기술

존중과 배려가 결여된 호의는 무시보다 더 큰 상처를 남긴다.
무명씨

먹고살기도 힘들 만큼 가난한 집이 있었다. 그런데 설상가상으로 어린 아들마저 원인을 알 수 없는 병에 걸려 어머니의 시름이 이만저만이 아니었다. 그녀는 아들을 업고 사방팔방 병원을 찾아다녔지만 치료비가 없어 거부당하기 일쑤였다. 아무리 애원해도 선뜻 치료해주겠다고 나서는 의사는 없었다.

그녀는 마지막으로 마을에서 가장 유명한 의사를 찾아가 부탁해보기로 했다.

"선생님, 제발 제 아이를 살려주세요. 치료비는 무슨 수를 써서라도 꼭 갚겠습니다."

의사는 잠시 주저하다 입을 열었다.

"일단 치료비는 받지 않는 걸로 하죠. 다만 조건이

하나 있습니다."

"무슨 조건이요?"

여자의 목소리가 다급해졌다.

"아주머니 집 마당에 아주 특별한 붉은 꽃이 있더군요. 그게 아주 귀한 약재로 쓰인답니다. 그 꽃을 잘 말리면 비싸게 팔 수도 있어요. 제가 해마다 아주머니 집에 가서 그 꽃을 따올 수 있도록 허락만 해주신다면 기꺼이 아드님을 무료로 치료해드리겠습니다."

여자는 흔쾌히 그러마고 약속했다. 의사 역시 약속대로 아이의 병을 잘 치료해주었다.

그 후 매년 여름이 되면 의사는 꼬박꼬박 그녀의 마당에서 꽃을 따갔다. 그런데 세월이 지날수록 여자의 마음에는 불만이 쌓여가기 시작했다.

'저 꽃을 말려서 팔면 비싼 값을 받을 수 있다고 했잖아? 그럼 지난 몇 년 동안 저 의사가 따간 꽃값만으로도 치료비를 다 갚고도 남지 않았을까? 아무래도 안 되겠어! 이제부터라도 저 꽃을 따서 직접 시장에 내다 팔아야지. 나 먹고살기도 힘든데 남 좋은 일만 시킬 수 없잖아.'

여자는 서둘러 마당 가득 핀 붉은 꽃을 따서 소쿠리

에 담았다. 그날 이후 마당에 꽃이 없어져서인지 의사도 더 이상 그녀의 집을 찾지 않았다.

여자는 붉은 꽃이 한 자루 가득 모이자 돈을 벌 수 있다는 기대에 부풀어 한걸음에 약재상으로 달려갔다. 그런데 주인은 황당하다는 듯 그녀를 바라봤다.

"이 꽃은 독성이 너무 강해서 약재로 쓸 수가 없어요."

다른 약재상도 찾아가봤지만 돌아오는 대답은 똑같았다. 여자는 의사가 거짓말을 한 이유가 궁금해져 곧바로 병원으로 찾아갔다.

병원에 가보니 살짝 열린 진료실 문틈으로 남루한 옷차림의 노인이 보였다. 선뜻 들어가지 못하고 머뭇거리는데 노인의 목소리가 들려왔다.

"선생님, 지금은 가진 돈이 없는데 다음에 드리면 안 될까요?"

"그러시다면 이렇게 하시죠. 할아버지 집 마당에 특별한 꽃이 있더군요. 그 하얀 꽃이 정말 귀한 약재로 쓰이거든요. 제가 그 꽃을 따갈 수 있도록 해주시면 치료비를 받지 않겠습니다."

여자는 그제야 의사의 깊은 배려를 깨달을 수 있었

다. 의사는 그녀의 집 마당에 핀 붉은 꽃이 약재가 될 수 없다는 사실을 진작부터 알고 있었던 것이다. 그럼에도 그가 그런 조건을 내건 이유는 가난한 사람의 자존심을 배려하고 존중했기 때문이었다. 여자는 속 좁게 굴었던 자신의 행동이 너무나 부끄러워 차마 의사의 얼굴을 볼 수가 없었다.

예전에 인도 여행을 갔을 때 일이다. 어린 아이들이 관광버스 주위에서 구걸을 하는 모습을 보았다. 아이들은 관광객들이 창밖으로 던져주는 사탕을 주우려고 정신없이 이리 뛰고 저리 뛰었다. 그 와중에 넘어지는 아이들도 있었지만 관광객들은 그 모습마저 재미있다는 듯 소리 내어 웃고 있었다.

이 믿을 수 없는 광경을 보면서 나는 너무 화가 났다. 심지어 그들은 나와 같은 나라 사람이었다.

나는 아이들이 사탕을 모두 주워 흩어지기를 기다렸다가 차에 탄 관광객들을 향해 한마디 했다.

"이곳 아이들이 좀 못산다고 이런 식으로 무시하시면 안 되죠. 저 아이들에게 호의를 베풀고 싶으시면 좀 더 예의를 갖춰주세요."

관광객들은 민망하고 화가 났는지 얼굴을 돌렸고, 기사는 서둘러 버스를 출발시켰다.

처음부터 지켜보고 있던 가이드가 내 손을 꼭 잡으며 고마워했다.

"정말 잘하셨어요."

무작정 베푼다고 모두 호의가 아니다. 우리는 도움이 필요한 사람에게 감사할 줄 알아야 한다. 그들이야말로 우리에게 선행을 베풀 기회를 주는 사람들이기 때문이다. 우리는 그들에게 예의를 지킬 줄 알아야 한다. 그들 역시 우리와 마찬가지로 존중과 배려가 필요한 대상이기 때문이다.

존중과 배려가 빠진 호의는 동정이나 다름 없다. 그런 호의는 상대의 자존심을 상하게 할 수 있다. 처지를 바꿔 생각하고 상대를 배려할 줄 알아야 선행의 진심이 퇴색하지 않는다.

침묵은 금이 아니다

소통은 두 영혼을 이어주는 지름길이다.
무명씨

갓 결혼한 새댁이 시댁에 들어가 살게 되었다. 어느 날 냉장고를 열어보니 과일이 넘쳐났다. 그녀는 내친김에 주스를 만들어서 시부모님께 드렸다. 시어머니가 맛있다고 칭찬을 해주자 그녀 역시 기분이 좋아졌다. 그날부터 그녀는 매일 과일 주스를 만들어 병에 담아 냉장고에 넣어두었다. 퇴근하고 집에 돌아와 빈 주스 병을 보면 며느리 도리를 조금이라도 한 것 같아 뿌듯하기도 했다.

그러던 어느 날 평상시보다 일찍 퇴근한 그녀는 부엌으로 들어서다 말고 발길을 멈춰야 했다. 시어머니가 병에 담긴 주스를 배수구에 버리는 장면을 목격하고 만 것이다.

충격을 받은 그녀는 시어머니 눈에 띄기 전에 얼른 방으로 들어갔다. 그런데 생각할수록 화가 치밀었다.

'어머니가 나를 싫어하시는 게 분명해. 그렇지 않고서야 저렇게까지 하실 리 없잖아?'

그때부터 그녀는 더 이상 시어머니를 위해 과일 주스를 만들지 않았다. 게다가 신경은 점점 더 날카로워졌다. 시어머니가 설거지를 도와줘도 뭔가 속내가 따로 있는 것만 같아 짜증이 났다. 오늘 황사가 심하다는 말 한마디조차 청소를 깨끗이 하지 않았다는 얘기를 은근슬쩍 돌려서 하는 건가 싶을 정도였다. 시어머니 얼굴만 봐도 스트레스가 쌓이니 피하는 횟수가 늘어났고, 결국 방에 틀어박혀 아예 나오지 않기 일쑤였다.

어느 날, 그녀의 남편이 걱정스러운 듯 물었다.

"엄마랑 무슨 문제 있어? 전에는 과일 주스도 잘 만들어주더니 지금은 안 해준다고 그러시더라."

그 말을 듣자마자 여자의 눈에서 눈물이 뚝뚝 떨어졌다. 그녀는 시어머니가 가증스러워 견딜 수가 없었다. 어차피 주스를 만들어드려도 다 버릴 거면서 괜히 남편에게 자신만 나쁜 며느리로 만드는 것 같았다. 그녀는 대성통곡을 하며 그동안 있었던 일을 미주알고주 알 남편에게 일러바쳤다. 문제의 심각성을 느낀 남편은 아내와 어머니를 한자리에 앉히고 물었다.

“엄마, 과일 주스를 왜 버리셨어요?”

“응? 그런 적 없는데?”

“제가 분명히 봤어요!”

며느리는 시어머니가 시치미 뚝 떼고 연기를 한다고 생각하며 톡 쏘아붙였다. 며느리의 반응이 심상치 않자 시어머니는 곰곰이 기억을 더듬어보았다.

“아! 생각났다! 그런 적이 한 번 있기는 한데…….”

며느리는 시어머니의 말을 끊고 남편에게 소리질렀다.

“거봐요! 어머니도 인정하시잖아요!”

“그게…… 그때 바퀴벌레가 주스에 빠져 있어서 버릴 수밖에 없었어.”

바퀴벌레 한 마리가 좋았던 고부관계를 하마터면 완전히 망가뜨릴 뻔한 것이다. 이 이야기는 내 친구에게 실제로 일어났던 일이다. 그 일이 있은 후 그녀는 경솔한 행동을 했다고 후회하며 내게 이렇게 말했다.

“그깟 오해 때문에 그렇게 오랫동안 시어머니를 미워했던 내가 너무 한심해. 어머니가 주스를 버릴 때 곧

바로 여쭤봤다면 이런 오해는 생기지 않았을 거 아냐."

이 오해로 빚어진 갈등은 그녀뿐 아니라 영문도 모른 채 당한 시어머니와 남편까지 모두를 불행으로 몰아갔다. 우리 역시 그녀와 다르지 않을 것이다. 대부분의 사람이 오해의 소지가 있는 문제가 생기면 혼자서 그걸 떠안고 괴로워하기 때문이다. 왜 속 시원하게 당사자에게 물어보지 못하는 것일까? 그러면 쓸데없는 갈등으로 괴로워하는 일도 없을 텐데 말이다.

사람들은 직접 물어보면 될 일을 입 꾹 다물고 혼자 추측하곤 한다. 문제는 이런 추측이 자신을 슬프고 화나게 할 수 있다는 것이다. 대화로 해결할 수 있는 일을 미루다 보면 괜한 오해만 생기고 감정의 골은 돌이킬 수 없을 정도로 깊어진다. 소통을 통해 마음의 자유를 얻어보자.

Seize the Day

망각의 동물

인간은 참 경이로운 존재다. 어떤 일에 집중하기만 하면 놀라운 성과를 이루어낼 줄 안다.
마크 트웨인

한 대학의 강의실에서 교수가 학생들에게 이야기를 들려주었다.

"사냥꾼이 개 두 마리를 데리고 숲으로 꿩 사냥을 나갔습니다. 사냥개는 목표물을 포착하자마자 미친 듯이 질주해 꿩을 사지로 몰아넣었죠. 그런데 다 잡았다고 생각한 순간 꿩이 갑자기 나무 구멍 속으로 쏜살같이 들어가버렸어요. 몇 초가 지났을까, 나무 구멍 안에서 뜬금없이 토끼가 한 마리 기어나왔죠. 토끼는 사냥개를 보자마자 놀란 나머지 나무 위로 후다닥 기어올라갔어요. 사냥개 두 마리는 나무 아래서 무섭게 짖어대고 있었죠. 그러자 토끼가 갑자기 아래로 몸을 날려 사냥꾼과 사냥개를 밀어 쓰러뜨리고 그곳을 빠져나갔답니다.”

이 엉뚱한 이야기에 학생들이 웅성웅성댔다. 교수는 학생들의 반응을 살핀 후 물었다.

“참 이상한 이야기죠? 자, 그럼 이 이야기에서 불합리하다고 생각하는 부분을 한번 말해볼까요?”

한 학생이 손을 들었다.

“교수님, 토끼가 나무에 기어올라가는 건 말이 안 됩니다.”

“그렇죠? 그럼 그것 말고 이상한 점이 또 있을까요?”

이번에는 여학생이 대답했다.

“작은 토끼가 어떻게 동시에 사냥꾼과 사냥개 두 마리를 덮칠 수가 있죠?”

“음, 좋은 지적이네요.”

교수는 고개를 끄덕였다.

“또 다른 의견 없습니까?”

더 이상 아무도 손을 들지 않았다.

“아직 하나가 남아 있는데…… 정말 모르겠어요?”

교수가 학생들을 둘러보더니 어쩔 수 없다는 듯 정답을 알려주었다.

“왜 다들 꿩을 까맣게 잊고 있죠? 꿩은 어디로 도망 갔을까요?”

어느 날 아침, 출판사에 연락해 회의 시간을 정해야 한다는 사실이 퍼뜩 떠올랐다. 당장 시간 약속을 해야만 하는 아주 중요한 회의였다.

그런데 전화를 걸면 언제 원고를 넘길 수 있는지까지 겸사겸사 물어올 것만 같았다. 그래서 나는 컴퓨터를 켜고 원고 진행 상황을 확인했다. 그러고 나자 안티바이러스 백신 프로그램의 사용 기한이 만료되었다는 메시지가 떴다. 곧바로 프로그램을 열고 기간을 연장했다. 다운로드를 받는 동안 이메일을 확인하고 회신을 몇 통 보내고…… 마침내 모든 일을 처리하고 나서 수화기를 들었는데…….

‘아? 내가 누구한테 전화를 걸려고 했지? 무슨 말을 하려고 했더라?’

기가 막히게도 중요한 일이라는 것만 기억날 뿐 다른 것은 전혀 생각이 나지 않았다.

오후가 되자 기다리다 못한 출판사에서 직접 연락을 해왔다. 그제야 내가 잊고 있던 일이 머릿속에 번뜩 떠올랐다.

사람은 정말 망각의 동물이다. 특히 여러 가지 일과 시련이 겹치면 마음이 흐트러지기 쉽다. 심지어 처음에 하려고 했던 것이 도대체 무엇인지조차 잊어버리기 일쑤다.

한 영업직원이 있었다. 이미 결혼해서 아이도 있었지만 월급은 세 식구 생활하기에 턱없이 부족했다. 아내가 한푼이라도 아끼려고 애쓰는 모습을 볼 때마다 가장으로서 얼굴을 들 수가 없었다. 그래서 그는 가족의 행복을 위해서라도 돈을 많이 벌겠다고 결심했다.

그는 매일 발바닥이 닳도록 고객을 찾아 뛰어다녔고, 퇴근 후에도 밤늦게까지 접대 자리를 떠나지 않았다. 그런 노력 덕에 회사에서 그의 실적을 따라올 자가 없었고, 얼마 안 가 팀장으로 고속 승진했다.

남자는 팀장이 되고 나자 곧바로 대출을 받아 정원이 딸린 작은 양옥집으로 이사했다. 하지만 대출금을 갚느라 허리가 휘어졌고, 어쩔 수 없이 더더욱 일의 노예가 되어야 했다. 아내의 불만은 커져갔고, 두 사람 사이의 갈등은 깊어졌다. 그러다 드디어 일이 터지고 말았다. 회사에서 돌아온 그를 맞아준 건 텅 빈 집이었다. 아내와 아들은 코빼기도 보이지 않고, 거실 탁자 위에 이혼신고서 한 장이 덩그러니 놓여 있었다.

남자는 넋을 잃고 주저앉아 지나간 시간을 하나하나 돌이켜보았다. 그러다 어느 순간 자신이 일에 미친 듯이 매달리게 된 이유가 불현듯 떠올랐다. 그의 목표는 높은 연봉도, 넓은 집도, 승진도 아니었다. 그는 그저 가족들이 행복해지기를 바라며 밤낮없이 일을 했던 것이다.

인생이 길을 잃었다고 생각할 때 초심을 떠올리며 자신을 되돌아보자. 그 초심이 인생의 나침반이 되어 우리를 정확한 방향으로 인도해줄 것이다.

정신없이 바쁘게 살다 보면 애초에 가려고 했던 길을 잃어버리기 쉽다. 가끔은 걸음을 멈추고 우리 인생의 나침반이 제 역할을 잘하고 있는지 확인해볼 필요가 있다.

누가 용한 점쟁이일까?

행운의 여신은 맹목적으로 운명을 믿는 나약한 인간의 손을 절대 잡아주지 않는다.
타고르

점쟁이 두 명이 서로의 신기를 자랑하며 누가 점을 잘 보는지 내기를 했다. 어느 날 조폭처럼 온몸을 문신으로 뒤덮은 젊은이가 그들을 찾아왔다. 점쟁이들은 그가 몇 살까지 살지 점을 쳐보기로 했다.

첫 번째 점쟁이가 말했다.

"손님은 이목구비가 뚜렷하고 귀한 관상이라 재물운과 출세운이 있네요. 명줄도 길어서 백 살까지 살 겁니다."

젊은이는 그 말에 기분이 날아갈 듯 좋아졌다.

이번에는 두 번째 점쟁이가 젊은이의 손금을 보더니 고개를 절레절레 흔들었다.

"이런, 이 손님은 앞으로 5년 안에 죽겠어. 손금을

보아하니 피비린내 나는 사건에 휘말려 비명횡사할 팔자야!"

화가 치밀어오른 젊은이는 앞에 놓인 탁자를 걷어차 뒤집어엎고 점쟁이를 협박했다.

"5년 후에도 내가 살아 있으면 당신 내 손에 죽을 줄 알아!"

5년이 지난 후 과연 젊은이가 다시 점쟁이를 찾아왔다. 그런데 양복을 잘 차려입은 모양새를 보아하니 하는 일이 잘 풀린 듯했다. 첫 번째 점쟁이가 보란 듯이 큰소리를 쳤다.

"내가 뭐랬어? 이번 내기는 내가 이겼어!"

딱 봐도 패배를 인정할 수밖에 없는 상황이었다.

"오늘은 두 분 모두에게 감사 인사를 드리기 위해 이렇게 찾아왔습니다. 제 생각에 이번 내기는 무승부인 것 같네요. 두 분 말씀이 모두 맞았으니까요."

첫 번째 점쟁이가 그럴 리 없다며 따져 물었다.

"우리 중 한 명은 당신이 죽는다고 했고, 또 한 명은 백 살까지 살 거라 했습니다. 그런데 지금까지 안 죽고 잘 살고 있으니 당연히 내가 이긴 거 아닙니까?"

젊은이는 두 점쟁이를 번갈아 보며 그 이유를 차근

차근 설명했다.

"제가 선생님 말만 믿고 계속 조폭 노릇을 하며 살았다면 정말 5년도 살지 못하고 죽었을 겁니다. 그런데 이쪽 선생님께서 제게 비명횡사할 거라고 말씀해주신 덕에 과감하게 조직을 나와 새로운 삶을 살기 시작했습니다. 그렇게 살다 보니 더 오래 살 수 있는 기회가 주어지더라고요. 그러니 장수할 거라던 선생님의 점도 정확했습니다."

유명한 명리학 교수가 강연에서 이런 말을 했다.

"점쟁이 중에 사람의 '과거'를 맞히는 사람은 많지만 '미래'를 정확히 예언하는 사람은 드뭅니다. 그 이유가 뭔지 아십니까? 바로 사람의 성격이 운명을 결정짓기 때문입니다. 그러다 보니 미래를 좌우하는 변수가 너무 커서 정확한 점괘가 나올 수 없는 겁니다."

사실 이런 이치를 모르는 사람은 없다. 하지만 자신의 단점을 솔직하게 인정하고 적극적으로 고치려는 사람이 과연 몇이나 될까?

감정의 기복이 큰 남자가 있었다. 그의 치명적인 단점은 한번 상대의 꼬투리를 잡으면 집요하게 물고

늘어지는 것이었다. 그러다 보니 사소한 일에도 잔소리가 끝이 없었다. 그동안 사귄 여자친구들은 모두 이런 성격을 견디지 못해 도망치듯 떠나버렸다.

그래도 남자는 결혼이 하고 싶어 신에게 기도도 해보고, 결혼정보회사에 등록도 해봤다. 그사이 여자에게 사기를 당해 돈만 뜯긴 적도 한두 번이 아니었다. 그럴수록 남자는 더 결혼에 집착했다. 참 안타깝고 애잔하기까지 하다. 그는 분명 자신의 문제점을 잘 알고 있었다. 그럼에도 그 결점을 바꾸려는 노력을 내팽개치고 결혼이라는 목표에만 집착했으니 한마디로 주객이 전도된 셈이 아닌가?

자신을 이해하는 노력을 게을리해서는 안 된다. 장점뿐 아니라 단점도 마찬가지다. 그래야만 똑같은 장소에서 계속 넘어져 다치는 불상사를 피할 수 있다.

자신의 장점만 아는 것으로는 부족하다. 결점을 알고 그것을 고치지 않는 한 장점도 빛을 볼 수 없다. 막힘없이 탁 트인 인생길을 걷고 싶다면 이 결점이라 불리는 걸림돌을 제거해야 한다.

잃어버린 돈

나무의 영양분이 잔뿌리에서 시작해 가지와 잎까지 전해지듯 사람의 일도 겉으로 드러나는 가지와 잎에만 주목하지 말고 보이지 않는 곳에 관심을 둬야 한다.

왕융칭(王永慶, 대만의 기업인)

한 아주머니가 공터를 지나가다 고개를 숙이고 뭔가를 찾는 남자를 발견했다. 호기심이 발동한 아주머니가 그에게 다가가 물었다.

"뭐 잃어버리셨어요?"

남자는 반쯤 얼이 빠진 표정으로 대답했다.

"돈을 잃어버렸어요. 전 재산이나 다름없는 돈이라 꼭 찾아야 하거든요."

아주머니는 남자의 사정이 너무 안타까워 함께 돈을 찾기 시작했다.

얼마 후 그곳을 지나가던 노인도 전후 사정을 듣자마자 합세했다. 그렇게 시장 상인, 인근 농부, 이웃집 어린아이까지 모두 팔을 걷어붙이고 그를 도왔다.

그 많은 사람이 몇 시간을 샅샅이 뒤졌는데도 동전 하나 찾아내지 못했다. 잠시 허리를 펴고 쉬던 아주머니가 답답한 듯 혼잣말처럼 중얼거렸다.

"참 이상하네. 이렇게 이 잡듯이 찾는데도 안 나오는 게 말이 돼? 여기서 잃어버린 게 맞다면……."

"어? 돈은 여기서 잃어버리지 않았어요."

그의 황당한 말에 모두 어이없는 표정으로 그를 바라봤다.

"지금 뭐라고 했어요? 여기서 잃어버린 게 아니라고요? 그럼 어디서 잃어버렸는데요?"

아줌마가 잔뜩 화난 표정으로 따져 물었다. 그러자 남자가 공터 한구석을 가리키며 너무나 태연하게 대답했다.

"저기 창고에서 잃어버렸죠."

그때 누군가 버럭 소리를 질렀다.

"이봐! 그럼 지금까지 우리를 가지고 논 거야? 아니면 당신 천지분간 못하는 바보야?"

"바보는 바로 당신이지!"

남자는 도리어 화를 벌컥 내며 너무도 당당하게 그 이유를 설명했다.

"창고 안이 저렇게 어두운데 돈을 어떻게 찾아요? 그나마 이곳 공터가 밝은 편이라 찾기가 훨씬 쉬울 거 아녜요?"

언젠가 집에서 키우는 강아지 한 마리가 종일 온몸을 긁어대며 괴로워했다. 사실 그때까지만 해도 개를 키워본 경험이 부족해 피부병 전용 샴푸로 목욕만 시켜주면 다 나을 줄 알았다. 그런데 피부는 나아지기는 커녕 점점 악화되어갔다.

결국 강아지를 데리고 동물병원을 찾았다. 수의사는 간단한 검사를 하더니 먹이 때문에 생긴 알레르기 증상이라고 말해주었다. 그러고 보니 며칠 전에 바꾼 사료가 화근이었다. 그 후 다시 원래 먹이던 사료로 바꿔주자 강아지의 피부병이 거짓말처럼 말끔히 나았다.

병을 치료하고 싶다면 증상에 맞는 처방을 해야 한다. 그렇지 않으면 나처럼 알레르기 증상에 피부병 처방을 해 병을 더 악화시킬 수 있다. 우리네 인생도 다르지 않다. 문제가 되는 매듭을 풀지 않고 놔둔 채로 시간을 흘려보내면 아무리 애를 써도 얽히고설킨 인생의 실타래를 풀기 힘들다.

부자가 되고 싶은 사람이 있었다. 그는 사업이야말로 돈을 버는 가장 빠른 지름길이라고 믿었다. 그가 손댄 사업만 해도 자동차 부품 수입, 화장품 판매 등 한둘이 아니었다. 그리고 하나같이 손해를 보고 사업을 접었다.

그가 사업에 실패한 이유는 시장을 바라보는 기본적인 인식조차 없었기 때문이다. 오로지 뭐가 돈벌이가 된다는 말만 주워듣고 무모하게 뛰어들었다가 빚까지 지고 나서야 사업을 접었다.

보다 못한 친구가 그에게 충고를 했다.

“이런 식으로는 무슨 일을 해도 안 돼! 네가 사업을 하기로 결심했다면 철저하게 시장조사를 하고, 그 분야에서 성공한 사람의 경험도 들어봐. 수지타산을 따져본 후에 성공할 수 있다는 확신이 서면 그때 시작해도 늦지 않아.”

그 후 그는 경험자들을 찾아가 노하우를 배우고, 먼저 사업을 시작한 사람들의 체험담에 귀를 기울였다. 관련 서적도 읽고 비즈니스 강좌도 들으며 하루하루를 바쁘게 보냈다. 그리고 이거다, 하는 확신이 섰을 때 가장 자신 있는 업종에 자금을 투자했다. 과연 그동안의 노력이 헛되지 않았는지 이번 사업은 점점 안정 궤도에 들며 수익을 창출하기 시작했다.

알맞은 때와 장소에서 일을 제대로 할 줄 안다면 누구나 최소한의 노력으로 그 이상의 성과를 거둘 수 있다.

자신의 생각을 고집하는 것도 물론 중요하다. 그러나 거기에서 이성이 배제되면 안 된다. 그렇지 않으면 돈을 잃어버린 남자의 이야기처럼 쓸데없는 곳에 힘을 낭비하고, 주변 사람들에게까지 피해를 줄 수 있다.

작지만 큰 차이

편집광만이 살아남는다.

앤드루 그로브(미국의 기업가. 인텔의 CEO)

어느 작은 마을의 교회에 얼마 전부터 못 보던 얼굴이 나타났다. 농부 행색의 그 남자는 매주 예배에 참석했지만 앉아서 두리번거리기만 할 뿐 사람들과 함께 성경을 읽지도, 기도를 하지도 않았다. 그 모습을 지켜보던 목사가 궁금증을 참지 못하고 물었다.

"신도님, 매주 교회에 나오시는 것 같은데 왜 그냥 가세요? 기도 모임에도 나오시고 다른 분들과 얘기도 나누다 가세요. 혹시 제가 도와드릴 거라도 있나요?"

그제야 농부가 속내를 솔직하게 드러냈다.

"그게, 교회에 나오면 선물을 준다고 해서요……."

"선물이요? 무슨 선물을 말씀하시는 거죠?"

목사가 의아한 듯 되물었다.

"물소요!"

"물소요?"

목사는 농부의 말에 어안이 벙벙해졌다.

농부의 목소리에 힘이 들어갔다.

"네! 교회 담벼락에 예수님을 믿으면 물소를 얻을 수 있다고 써두셨잖아요?"

목사가 고개를 절레절레 흔들며 대답했다.

"잘못 보셨을 겁니다. 그런 말을 쓴 적이 없는데요."

농부가 화를 내며 따져 물었다.

"지금 절 거짓말쟁이로 모는 겁니까? 정 그러시다면 지금 당장 함께 가서 확인해보십시다!"

농부는 씩씩거리며 목사를 교회 밖으로 데리고 나갔다. 그리고 벽에 쓰인 글자를 가리키며 말했다.

"보세요! 저기 분명히 예수님을 믿으면 물소를 얻는다고 쓰여 있지 않습니까?"

그것을 본 목사는 어이가 없어 웃음밖에 나오지 않았다. 담벼락에는 분명 '예수님을 믿으면 영생을 얻을 것이다'라고 쓰여 있었다. 그런데 붙인 지 오래되어 '영생'이라는 글자는 떨어져나가고 그 옆에 써둔 한자만 남아 있었다. 게다가 그 한자마저도 획이 하나씩 떨어져나가 완전히 다른 글자가 되어 있었다. '永生'이 '氷牛'가 되어버린 것이다. 농부를 착각에 빠뜨린 건 그 글자였다. 작은 차이가 의미를 엄청나게 변질시킨 것이다.

몇 년 전에 한 친구가 집을 개조하며 인테리어를 새로 했다. 그때 조명등을 바꿔 달던 기술자가 실수를 하는 바람에 샹들리에가 삐딱하게 설치되고 말았다. 친구는 곧바로 다시 달아줄 것을 요구했다. 그런데 그 기술자는 자꾸 이 핑계 저 핑계 대며 작업을 끝내려고만 했다.

"이걸 다시 달려면 오후 내내 이 일에만 매달려야 해요. 솔직히 아주 조금 비뚤어진 거라 티도 안 나잖아요. 그냥 쓰세요."

친구는 정색을 하며 다시 한 번 정중히 부탁했다.

"물론 아저씨 보기에는 살짝 비뚤어진 것뿐이니 별 상관이 없겠죠. 하지만 전 앞으로 이 집에서 2, 30년, 아니 그 이상을 살게 될 겁니다. 다시 말해서 이 비뚤어진 샹들리에를 그 세월만큼 보며 살아야 한다는 거라고요."

결국 기술자는 친구의 고집에 못 이겨 샹들리에를 다시 설치해야 했다. 일을 하는 내내 그의 얼굴은 불만으로 가득했다.

어쩌면 그는 운 나쁘게 까다로운 고객을 만났다고 생각했을지 모른다. 그러나 그는 하나만 알고 둘은 생각하지 못했다. 고객은 대충대충 일을 처리하는 기술자를 다시 찾지 않을뿐더러 다른 사람에게 소개해주지도 않기 때문이다. 그렇게 되면 점점 일감이 떨어져나가고 수입도 줄어들 수밖에 없다.

터럭만큼의 차이가 천지간의 차이로 벌어진다고 했다. 뭐든지 대충 넘어가는 마음가짐으로 일하게 되면 당장은 별거 아닐지 몰라도 결국에는 스스로 화를 자초하는 꼴이 되고 말 것이다.

문제가 생길 때마다 대충대충 넘기고 싶은 유혹과 싸워 이겨야 한다. 그 '대충대충'이 잠깐은 편할지 몰라도 결국 엄청난 연쇄반응으로 우리에게 타격을 주기 때문이다. 그 결과 가장 큰 손해를 보는 사람은 바로 자신이다.

Seize the Day

악한 끝은 없어도 착한 끝은 있다

누구나 기적의 문을 여는 열쇠를 쥐고 태어난다. 다만 그것을 아는 사람이 적을 뿐이다.

월트 디즈니

한 남학생이 대학에 다니는 내내 수화 동아리에서 수화를 배우고 시간 날 때마다 청각장애우를 찾아가 봉사활동을 했다. 어느 날 그는 캠퍼스를 걷다가 할머니와 함께 수화로 대화를 나누는 여학생을 보게 되었다. 유심히 지켜보니 할머니가 길을 물었는데 여학생은 정확한 방향을 모르는 듯했다. 보다 못한 남자가 그들에게 다가가 도움을 주었다.

할머니가 고맙다는 인사를 하고 떠난 후에도 두 사람은 길가에 서서 계속 수화로 대화를 계속했다. 마음이 무척 잘 통했던 그들은 그날 이후 이메일을 통해 소식을 주고받으며 소소한 일상의 이야기를 나눴다. 그렇게 서로를 알아가다 보니 어느새 둘 사이에는 우정

이상의 감정이 생겨나기 시작했다. 비록 수화로밖에는 대화를 나눌 수 없지만 서로에 대한 호감은 커져만 갔고 결국 두 사람은 진지하게 한번 사귀어보기로 했다.

그러나 남자의 마음은 늘 커다란 돌덩이가 얹혀 있는 듯 무겁기만 했다. 그는 외아들로 어려서부터 그에게 거는 부모님의 기대와 사랑이 남달랐다. 그렇게 애지중지 키운 아들이 장애 있는 여자와 교제한다고 하면 반대하실 게 분명했다.

과연 예상이 적중했다. 그가 모든 사실을 털어놓자 부모님은 더 말할 가치도 없다는 듯 단호하게 헤어지라고 호통을 쳤다.

하지만 남자의 마음은 흔들리지 않았다. 자식 이기는 부모 없다는 말처럼 부모 역시 아들의 끈질긴 설득을 당해낼 재간이 없었다. 마음을 바꾼 부모는 그 후부터 아들의 든든한 지원군이 되어주었다.

"그 아이에게 어떤 문제가 있든 네 마음이 진심이어야 우리도 그 아이를 사랑으로 받아들일 수 있어."

얼마 후 남자는 여자를 부모님께 소개하기로 결심했다.

약속 시간이 되자 여자는 부모님께 드릴 선물을 들

고 남자의 집에 들어섰다. 뒤이어 생각지도 못한 놀라운 일이 벌어졌다.

"어머님, 아버님, 처음 뵙겠습니다."

남자는 너무 놀라 입을 다물지 못했다.

"말을 할 줄 알았어요?"

그 소리에 여자도 눈이 휘둥그레져서 소리쳤다.

"어머! 당신도 말을 할 줄 알았어요? 난 지금까지 당신이 말을 못하는 줄 알았어요!"

어떻게 된 상황인지 눈치 챈 남자의 부모는 기가 막혀 웃음을 터뜨렸다. 그리고 내심 안도의 한숨을 내쉬었다. 장애에 대한 편견을 버리지 못했다면 이렇게 괜찮은 며느릿감을 자칫 놓칠 뻔했기 때문이다.

사람 사이에 오가는 호의는 우리의 인생을 아름답게 할 뿐 아니라 생각지도 못한 전환점을 만들어준다.

오랫동안 우울증에 시달려온 여자가 있었다. 몇 년 동안 심리 상담을 받았지만 증세는 좋아졌다 나빠졌다를 반복할 뿐이었다.

그런 소식을 듣고 몇 년 뒤, 나는 오랜만에 그녀를 다시 만났다. 그런데 놀랍게도 그녀는 전혀 다른 사람이 되어 있었다. 얼굴도 환해지고 생기가 넘쳤다.

그녀의 변화는 '태풍이 몰아치던 어느 날'로부터 시작되었다. 그날 밤 집 근처 공원을 지나가던 그녀는 웬 종이상자를 발견했다. 호기심에 상자 안을 들여다보니 놀랍게도 갓 태어나 눈도 못 뜬 새끼강아지가 들어 있었다. 누군가 내다버린 게 틀림없었다.

그녀는 선뜻 강아지를 데려갈 엄두가 나지 않았다. 우울증 때문에 제 한 몸 추스르기도 힘든데 강아지까지 키울 자신이 없었기 때문이다. 그렇지만 강아지를 그대로 두고 가면 추운 날씨에 얼어 죽을 게 뻔했다. 그녀는 어쩔 수 없이 강아지를 데려가 젖을 떼고 사료를 먹을 수 있을 때까지만 돌봐주기로 했다. 하지만 강아지는 잔병치레가 잦았고, 때문에 처음에 작정한 기간보다도 더 오래 보살펴줄 수밖에 없었다. 게다가 그 사이 정까지 깊이 들어 결국 그녀는 강아지를 키우기로 결심했다.

그런데 그녀에게 놀라운 변화가 찾아왔다. 몇 년 동안 그녀를 괴롭히던 우울증이 호전된 것이다. 그녀가 말했다.

"내가 강아지를 구해준 게 아니에요. 도리어 강아

지가 절 구해줬죠. 전에는 내가 아무 쓸모 없는 사람이라고 생각했는데 이 강아지 덕에 나도 누군가에게 도움이 될 수 있다는 것을 깨달았어요."

버려진 강아지를 데려다 키우면서 일어난 변화는 이뿐만이 아니었다. 매일 강아지를 데리고 산책하다 알게 된 남자와 마음이 통해 결혼까지 하게 된 것이다.

인생에는 언제 어떻게 기적이 일어날지 모른다. 그리고 그 기적의 문을 열 수 있는 열쇠는 우리가 무심코 행한 선행으로도 얻을 수 있다.

사회가 너무 냉혹하다고 한탄하는 사람은 많지만
스스로 이 사회를 위해 작은 기적을 만드는 사람은
의외로 적다. 먼저 베푸는 삶을 살아보자. 그 과정에서
우리는 가장 많이 도움을 받는 사람이 바로 자신이라는
놀라운 경험을 하게 될 것이다.

인생의 초점 맞추기

잘못된 시선으로 세상을 보기 때문에 고통스러운 것이다.
무명씨

그 학교는 하루도 바람 잘 날이 없었다. 선생님들이 서로 비방하고 배척하는 통에 교장의 고민이 이만저만이 아니었다. 어느 날 교장이 교무회의를 소집했다. 회의가 시작되자 교장은 아무 말 없이 벽에 커다란 흰 종이를 붙였다. 그리고 곧바로 펜을 들고 종이 한가운데 아주 작은 동그라미를 그렸다.

잠시 후 교장이 종이를 가리키며 선생님들에게 물었다.

"이게 뭐라고 생각하십니까?"

국어 선생님이 대답했다.

"이응(ㅇ) 아닙니까?"

수학 선생님이 반박했다.

“딱 봐도 숫자 0이네요.”

영어 선생님도 질세라 끼어들었다.

“아니죠. 이건 알파벳 O잖아요.”

곧바로 화학 선생님이 목소리를 높였다.

“말도 안 되는 소리들 하시네요. 이건 산소를 뜻하는 원소기호예요.”

선생님들끼리 입씨름을 벌이느라 교무실이 시끌벅적해졌다. 그 모습을 가만히 지켜만 보고 있던 교장이 선생님들을 조용히 시킨 후 답을 알려주었다.

“다 틀리셨습니다. 정답은 바로 하얀 종이입니다. 저는 여러분께 이것이 뭐냐고 물었지 이 동그라미가 뭐냐고 물은 적이 없습니다. 근데 여러분은 왜 하얀 종이는 보지 못하고 그 안에 그린 이 작은 동그라미에 집착하시는 겁니까?”

종이에 그려진 작은 점을 뚫어지게 보다 보면 자기도 모르게 그 속에 빠져들어 하얀 종이의 존재를 까맣게 잊어버린다. 우리 삶도 마찬가지다. 초점을 잘못 맞추면 세상을 보는 시야가 좁아지고 사는 동안 누릴 수 있는 많은 것을 놓치기 쉽다. 반대로 초점을 정확하게 맞추면 좀 더 넓은 세상을 또렷하게 바라볼 수 있다.

영어를 아주 잘하는 여자가 있었다. 어릴 때부터 영어를 워낙 좋아해 누가 시키지 않아도 스스로 공부하며 실력을 키웠다. 그 덕에 유학을 가지 않고도 원어민 못지않은 영어 실력을 자랑하게 되었다.

대학을 졸업한 후 그녀는 영어학원에 취직해 남다른 영어사랑을 이어갔다. 하지만 아무리 열심히 해도 승진은 되지 않고 강의료도 오르지 않자, 불만은 쌓이고 열정은 식어갔다.

어머니는 딸이 불만을 털어놓을 때마다 묵묵히 얘기를 들어주었다. 그러던 어느 날, 그녀는 더 이상 듣고 있을 수 없어 딸에게 물었다.

"애초에 네가 그 일을 선택한 이유가 돈을 많이 벌고 싶어서였니?"

"아뇨."

"그럼 승진하는 게 목표였니?"

"아뇨. 전 그저 영어가 좋아서 아이들을 가르치면서 함께 공부하고 싶었어요."

"그래! 바로 그거야! 넌 지금 네가 원하던 일을 하고 있잖니. 애초에 돈이나 권력을 좇아 거기 들어간 것도 아닌데 왜 그런 것들 때문에 힘들어하니?"

누구나 삶 곳곳에 도사리고 있는 욕심과 유혹에 이끌려 초심을 잃어버리기 쉽다. 순수했던 자신의 열정과 꿈도 어느새 사라지고 없다. 그래서 우리는 늘 인생의 초점을 정확히 맞추는 노력을 게을리해서는 안 된다. 그래야만 삶을 즐기고 잃어버린 자아도 되찾을 수 있을 테니까 말이다.

우리의 시선이 돈과 명예에만 머물러 있다면 어느 순간
자아를 잃어버리고 사는 것이 고역인 날이 찾아올지도
모른다. 그러나 우리가 인생의 초점을 정확히만
맞춘다면 마음은 평온해지고 잃어버렸던 자아도
어느새 제자리를 찾을 것이다.

미로에 갇힌 쥐

그가 당신보다 잘나서 성공한 것이 아니다. 그는 단지 당신보다 용감하게 실천할 줄 알았을 뿐이다.

프랜시스 베이컨(영국의 철학자)

어느 대학 교수가 학생들에게 실험을 도와달라고 부탁했다. 이 실험은 쥐를 미로에 넣어 지능을 테스트하는 것이었다.

그는 학생들을 두 조로 나누고 첫 번째 조의 학생들에게 말했다.

"이미 모든 쥐를 대상으로 1차 테스트를 마친 상태입니다. 실험을 해보니 여러분이 실험할 쥐의 지능이 가장 높게 나왔더군요. 그럼 이번에도 이 천재 쥐의 활약을 기대하겠습니다."

뒤이어 교수는 두 번째 조로 향했다.

"여러분이 실험할 쥐는 1차 테스트 결과 지능이 아주 낮은 것으로 나타났어요. 그러니 다들 마음의 준비를 하고 바보 쥐의 건투를 빌며 실험에 임하도록!"

실험이 끝나고 학생들은 교수에게 실험 결과를 보고했다. 결과는 교수의 말과 딱 맞아떨어졌다. 천재 쥐는 빠른 시간 안에 미로를 통과했지만 바보 쥐는 끝내 입구를 찾지 못했다.

그런데 교수는 학생들의 보고를 들은 후 재미있다는 듯 웃음을 터뜨렸다. 사실 교수가 쥐의 지능을 미리 테스트했다는 말은 거짓말이었다. 그러니 천재 쥐, 바보 쥐의 구분은 애초부터 없었던 셈이다. 이 실험의 정확한 목적 역시 쥐와는 아무런 상관도 없었다. 바로 암시의 힘이 사람의 행위에 어떤 영향을 미치는지를 알아보는 것이었기 때문이다.

교수의 '암시'는 학생들을 상대로 완전히 다른 실험 결과를 만들어냈다. 생활 속에서 가장 영향력이 큰 암시는 바로 '자기암시'다.

서른 살이 넘은 여자가 있었다. 그녀는 오랫동안 직장을 구하지 못해 힘들어하다가 친구에게 고민을 털어놓았다. 친구가 그녀를 위로하며 충고를 해주었다.

"넌 요리를 좋아할뿐더러 잘하잖아. 이참에 반찬

같은 걸 만들어 팔아보는 건 어때?

“그게 어디 말처럼 쉽니? 손맛도 있어야 하고, 장사 수완도 좋아야 하잖아.”

그 순간 친구의 머릿속에 번뜩 좋은 아이디어가 떠올랐다.

“우리 친척 중에 중국집을 하시는 분이 있는데 거기서 아르바이트라도 해볼래? 돈도 벌고 일도 배울 수 있을 거야.”

하지만 여자의 반응은 시큰둥했다.

“거긴 일이 너무 힘들어서 안 돼. 게다가 종일 일하다 보면 기름 냄새가 온몸에 밸 거 아냐? 내가 할 수 있는 일이 아냐.”

“그래? 그럼 레스토랑 아르바이트라도 좀 알아보지 그래?”

여자가 고개를 절레절레 흔들었다.

“그런 데는 일자리 구하기가 하늘의 별 따기야.”

이 대화를 보면 여자가 오랫동안 실업자 신세를 면하지 못했던 원인이 짐작된다.

첫째로, 구구한 핑계만 댈 뿐 시도조차 하지 않는다. 집에 가만히 앉아 기다린다고 일이 저절로 찾아오지는 않는다.

둘째, 남이 한 말만 믿고 지레 겁먹어 엄두도 내지 못한다. 그녀는 가보지 않은 길에 대한 두려움이 너무 크다. 그래서 절대 감당할 수 없는 일이라고 스스로 최면을 걸고 있다.

새로운 도전 앞에서 움츠러들 필요는 없다. 이럴 때일수록 자신에게 '긍정적인 최면'을 걸어 '긍정의 에너지'를 축적해보자. 기회는 늘 우리 눈앞에서 우리가 손을 내밀어 잡아주기를 기다리고 있다.

도전이나 어려움이 찾아왔을 때 해보기도 전에 '나는 분명 실패할 거야'라고 말하지 말자. 이럴 때일수록 자신에게 용기를 주고 과감하게 밀어붙여야 한다. 인생을 바꿀 기회는 도전 없이는 찾아오지 않기 때문이다.

뭐든 지나치면 독

돈을 보고 탐욕이 생겼다고 해서 모두 부자가 되는 것은 아니다.
영국 격언

어느 절에 유명한 주지스님이 있었다. 오랫동안 수행을 해 불심이 깊고 도량이 넓은 스님이었다. 어느 날 돈만 아는 부자가 스님을 시험해보기 위해 절을 찾아갔다. 그는 금은보화가 가득 들어 있는 가방을 열어 보란 듯이 스님 앞에 내밀었다. 스님은 횡재라도 얻은 듯 기뻐하며 말했다.

"이렇게 귀한 물건을 내주시다니 정말 쉽지 않은 결정을 하셨습니다."

부자는 기가 막혔다.

"제가 이걸 스님께 드린다고요? 저는 그저 보여드린 것뿐입니다."

"이 금은보화를 보여준 것만으로도 이미 준 거나 진

배없습니다. 이것들은 먹을 수도, 입을 수도 없지 않습니까? 이렇게 눈요기나 할 뿐 달리 쓰일 데가 없지요."

부자는 뒤통수라도 맞은 듯 아무 말도 할 수 없었다.

명품 시계에 집착하는 한 남자가 있었다. 시계를 사모으며 하나 둘씩 습득한 관련 지식도 전문가 못지않았다. 다만 문제는 그가 실업자라는 것이다. 반년 넘게 수입이 없는데도 시계에 대한 집착을 버리지 못했다.

아내와의 갈등도 깊어져 집안에 싸움이 그치지 않았다. 어느 날 아내는 너무 화가 난 나머지 시계 하나를 바닥에 내동댕이쳤다. 그 순간 남자는 이성을 잃어버렸다. 그는 어린 아들을 베란다 난간으로 끌고 가 거꾸로 들더니 던져버리겠다며 아내를 협박했다.

다행히 소방구조대가 출동해서 끔찍한 상황은 피할 수 있었지만 가정은 파탄이 났고, 남자 역시 법의 심판을 피할 수 없었다.

사실 '수집'은 일종의 취미다. 주위를 둘러보면 명품 가방, 골동품, 보석, 만화, 장난감, 게임은 물론 통장 잔고, 명예, 지위 등 형태 없는 것들을 수집하는 사람들도 꽤 많다.

한 어머니가 아들의 시험 성적이 떨어졌다며 불평을 쏟아냈다. 그런데 들어보니 5등을 했다는 것이다.

"5등 정도면 충분히 잘했는데요?"

그녀는 기가 막힌 듯 나를 쳐다봤다.

"잘하긴 뭘 잘해요? 걔는 지금까지 1등만 하던 애였어요."

듣고 있자니 정말 한숨이 절로 나왔다. 이 엄마는 아이의 생각이 얼마나 컸는지, 아이가 뭘 배웠는지에 대해서는 전혀 관심이 없었다. 오로지 '1등'이라는 숫자만이 중요했다. 지금까지 그녀가 수집한 대상은 바로 눈에 보이지 않는 허영심이었다. 집착이 커질수록 욕심은 더 커져만 갔고, 아이와의 관계도 언제 터질지 모르는 화약고나 매한가지가 되었다. 과연 그 허영심이 아이와의 소중한 시간을 희생해 얻을 만큼 가치가 있는 것일까?

'수집'은 적당히 즐기면 삶의 활력소가 되어주지만 도가 지나치면 우리를 욕망의 노예로 전락시킬 수 있다.

소통의 열쇠

상대의 마음을 이해하고 싶다면 그 사람의 입장이 되어 생각하라.

무명씨

절대 열리지 않는 자물쇠가 있었다. 자존심이 상한 도끼는 곧장 자물쇠를 찾아가 있는 힘껏 고리를 내리쳤다. 하지만 살짝 흠집만 생겼을 뿐 자물쇠는 너무나 멀쩡했다.

이번에는 크고 뭉툭한 망치가 나서서 죽을힘을 다해 자물쇠를 내리쳤다. 이번에도 자물쇠는 꿈쩍도 하지 않았다.

마지막으로 작고 가느다란 쇠붙이가 나서서 조그마한 목소리로 도전을 선언했다.

"내가 한번 해볼게!"

도끼와 망치는 기가 막혀 큰 소리로 비웃었다.

"이봐! 지금 농담해? 우리도 실패한 일을 네가 해보

겠다고?"

쇠붙이는 아무런 대꾸도 하지 않았다. 그는 보란 듯이 자물쇠의 빈 구멍으로 쏙 들어갔다. 그가 가볍게 한 바퀴 돌자 뒤이어 찰칵 소리와 함께 자물쇠가 열렸다. 알고 보니 이 쇠붙이가 바로 이 자물쇠를 열 수 있는 유일한 열쇠였다.

도끼와 망치는 믿을 수 없는 표정으로 열쇠를 바라봤다.

"말도 안 돼! 도대체 어떻게 자물쇠를 연 거야?"

그러자 열쇠가 대수롭지 않게 웃으며 대답했다.

"별거 없어. 내가 힘은 세지 않지만 자물쇠의 마음은 누구보다 잘 알거든."

긴 연애 기간을 거쳐 결혼에 골인한 커플이 있었다. 그런데 결혼 후 얼마 되지 않아 이혼 얘기가 터져 나왔다.

남자는 여자가 왜 이혼을 요구하는지 도무지 이해할 수 없었다. 그는 답답한 마음에 친구를 만나 하소연했다.

"그동안 내가 얼마나 잘해줬는지 알아? 도대체 뭐

가 불만이라는 건지 이해가 안 돼. 직장 다니면서 살림까지 하는 게 안쓰러워서 직장도 그만두라고 했어. 아내가 원하는 거라면 뭐든 해줬다고."

그러나 여자의 얘기는 달랐다.

"자꾸 직장을 그만두라고 해서 스트레스가 이만저만이 아니야. 내가 좋아서 하는 일인 데다, 성취감도 만만치 않거든. 그런데 남편은 자기 일만 중요하고 내 일은 우습게 여기는 거지. 게다가 남편은 아침부터 저녁까지 돈 벌 궁리밖에 하지 않는 사람이야. 집에는 잠만 자러 들어오는 사람 같아. 물론 그게 다 가족을 위해서라는 건 나도 알아. 하지만 우리 사이가 멀어진다면 그 돈이 다 무슨 소용이니?"

같은 문제를 두고 두 사람의 생각은 달라도 너무 달랐다. 그런데 이것은 아주 자연스러운 현상이다. 인간은 독립적인 개체이기 때문에 생각 역시 다를 수밖에 없다. 그렇기 때문에 상대의 입장이 되어 생각하는 노력이 없으면 화합하기 힘들다.

비슷한 문제는 부모와 자식 간에도 일어난다. 초등학교 2학년짜리 아들을 둔 친구가 있었다. 그녀는 아들이 너무 적게 먹어 고민이었다. 그래서 식사 때마다 조금이라도 더 먹이려고 전쟁을 벌였다. 아들이 더는 못 먹겠다고 고집을 피우면 자신도 모르게 화가 폭발했고, 식사 시간은 하루하루 지옥이 되어갔다.

그러던 어느 날 아들의 한마디에 그녀는 뒤통수라도 맞은 듯 정신이 번쩍 들었다.

"엄마는 내가 배부른지 안 부른지도 모르는 바보라고 생각해?"

그녀는 순간 할 말을 잃었다. 그날 이후로 식사 시간마다 반복되던 전쟁이 사라졌다. 그러자 마음이 편해져서인지 아이는 전보다 더 잘 먹기 시작했다.

상대의 '마음의 소리'에 귀를 기울이지 않으면 소통은 이루어지지 않는다. 마음의 문은 서로의 마음속 이야기에 귀를 기울여주었을 때 비로소 활짝 열리기 때문이다.

오로지 자기 입장만 생각하는 사랑은 상대를 더 멀리 밀어낼 뿐이다. 진짜 사랑은 그리 어렵지 않다. 그냥 상대의 마음을 이해해주면 된다.

사랑, 포용을 가르치다

진정한 사랑은 상대의 장점 때문에 사랑하는 것이 아니다.
단점이 있는데도 불구하고 그 단점마저 사랑하는 것이다.
랠프 월도 에머슨

한 남자가 자동차를 새로 구입했다. 그는 새 차를 애지중지하며 매일 번쩍번쩍 윤이 날 정도로 닦고 보살폈다. 아내의 눈에 그런 남편이 곱게 보일 리 없었다. 그는 아내가 차를 빌려달라고 해도 난색을 표했다. 아직 운전이 서툰 아내가 행여 사고라도 낼까 불안했기 때문이다. 결국 화가 머리끝까지 난 아내가 따지기에 이르렀다.

"도대체 당신은 이 차가 더 소중해요? 내가 더 소중해요?"

남자는 아내의 협박(?)에 밀려 어쩔 수 없이 애마를 빌려줘야 했다. 하지만 안심이 되지 않아 아내가 차를 타고 출발하는 순간까지 신신당부를 잊지 않았다.

"속도 내지 말고, 조심 또 조심하는 거 알지? 안전 운전하는 거 잊지 마. 그리고 그럴 일은 없겠지만 만에 하나 사고가 나면 조수석 수납함을 열어봐. 거기에 보험회사 연락처를 넣어뒀어."

"지금 내 운전 실력을 못 믿겠다 이거죠? 걱정 붙들어 매요!"

아내는 그의 말은 아랑곳하지 않은 채 상기된 표정으로 차를 몰고 골목을 빠져나갔다.

그러나 웬걸, 남자의 예상은 적중했다. 운전이 미숙한 아내가 주차장에서 후진을 하다 그만 뒤차를 들이박고 만 것이다. 여자는 황급히 차에서 내려 사과하고 충돌한 부분을 살펴보았다. 뒤차는 멀쩡했지만 그녀의 차 뒷범퍼는 완전히 찌그러져 있었다.

"어떡해! 이 꼴로 돌아가면 그이가 날 죽이려고 들 텐데!"

여자는 당황해서 눈물이 다 날 지경이었다. 그때 불현듯 남편이 한 말이 떠올랐다. 그녀는 곧장 수납함을 열었다. 남편이 일러준 말대로 봉투가 하나 들어 있었다. 봉투 속에는 보험회사 전화번호 외에도 남편이 직접 쓴 메모지가 들어 있었다. 메모를 읽어 내려가던 여자의 눈에 눈물이 핑 돌았다.

'여보! 만약 사고가 난 거라면 우선 숨을 한번 깊이 들이마셔봐. 그런 다음에 진정이 되면 보험회사에 전화를 걸어. 아! 그리고 한 가지 당신이 꼭 기억해야 할 게 있어. 내가 가장 사랑하는 사람은 바로 당신이야. 이 차가 아니라!'

연인이자 업무상 파트너인 남녀가 있었다. 두 사람은 일 때문에 함께 해외 출장을 가는 일이 잦았다. 그런데 이 여자는 건망증이 너무 심해서 어디 갈 때마다 뭔가를 잊어버리고 오기 일쑤였다. 공항까지 갔다가 여권을 안 가져와 비행기를 못 탄 적도 한두 번이 아니었다. 이 일로 다투다 헤어질 고비도 여러 번 넘겼다.

나는 한동안 소식을 모르고 지내던 그 남자를 우연히 만났다.

"애인이랑은 잘 지내죠?"

"전처럼 건망증 때문에 다투는 일은 없어졌어요."

"그래요? 건망증이 많이 좋아졌나 봐요?"

"하하, 그게 그렇게 쉽게 고쳐지나요? 정말 구제불능이죠. 제가 그냥 현실을 받아들이기로 한 겁니다. 그래서 요새는 공항에 가기 전에 제가 먼저 그 사람 여권까지 챙기고 있어요. 그랬더니 둘 다 속 썩을 일이 없어져서 좋아요."

이어서 남자는 솔직한 속내를 털어놓았다.

"사실 그 사람 건망증 때문에 참기 힘들 때가 있어요. 하지만 우리가 그 문제로 헤어진다면 더 참기 힘들 것 같아요."

사랑하기 때문에 우리는 서로를 포용할 수 있다. 사소한 갈등이 관계를 무너뜨리기도 하지만 포용으로 그런 불상사를 막을 수 있다. 실제로 양말을 아무렇게나 벗어놓는다거나 치약 짜는 방식이 다르다는 이유로 다툼이 벌어져 이혼까지 가는 부부도 있다. 그러나 이런 사소한 일이 귀한 인연을 끊어버릴 정도로 가치 있는 것일까?

누구나 완벽한 배우자, 완벽한 자녀를 원하지만 현실에 완벽한 존재는 없다. 하물며 우리 자신조차도 완벽한 인간이 아니지 않은가! 조금만 더 상대를 이해하고 서로의 인연을 소중히 생각해보는 시간을 가져보자.

Seize the Day

부치지 못한 러브레터

인생은 쟁취하는 것이다. 쟁취하기 위해서는 영원히 투쟁하며 끝까지 살아남아야 한다. 그렇지 않으면 사라지게 될 것이다.
로맹 롤랑(프랑스의 작가)

한 남자가 사랑에 빠졌다. 여자 역시 남자에게 호감을 보였다. 그런데 두 사람 다 숫기가 너무 없어 좀처럼 다가가지 못했다.

그러던 어느 날 남자가 먼저 용기를 내 편지를 썼다. 그는 외출하는 동생에게 편지를 부쳐달라고 부탁한 후 떨리는 마음으로 답장을 기다렸다. 하지만 몇날 며칠을 기다려도 여자로부터 답장이 오지 않았다.

남자는 절망했다. 그리고 여자가 자신의 마음을 거절했다고 확신했다. 이때부터 남자는 더 이상 편지도 전화도 하지 않았다. 심지어 여자와 마주치는 일조차 애써 피했다.

그렇게 몇 년이 흘렀다. 하지만 남자는 마음속에서

그녀를 완전히 지워버릴 수 없었다. 이 끝낼 수 없는 사랑의 감정 때문에 그는 더욱 힘들었다.

어느 날 남자는 마음도 정리할 겸 대청소를 시작했다. 식구들도 합세해서 안 입는 옷을 거실에 꺼내놓았다. 남자가 헌옷가지들을 정리하는데 남동생의 외투 주머니에서 뭔가가 만져졌다. 꺼내보니 놀랍게도 예전에 그가 여자에게 보냈던 러브레터였다. 동생이 깜빡 잊고 편지를 부치지 않은 것이다. 그녀의 잘못이 아니었다.

첫사랑의 달콤한 기억이 다시 한 번 남자의 머릿속을 스치고 지나갔다. 너무 늦었지만 그러나 그는 부치지 못한 편지를 그녀에게 전해주며 늦은 고백을 하리라 결심했다.

남자는 떨리는 마음으로 여자에게 전화를 걸었다. 수화기 너머로 반가운 목소리가 들려왔다. 두 사람은 어색한 인사를 나눴다. 그리고 남자는 용기를 내 여자에게 말했다.

“사실은…… 너에게 꼭 주고 싶은 게 있어.”

여자가 궁금한 듯 물었다.

“뭔데?”

"만나보면 알게 될 거야."

남자는 우여곡절 끝에 다시 얻은 낭만적인 고백의 순간을 상상했다.

"그래? 나도 줄 게 있었는데."

여자의 목소리는 왠지 모르게 들떠 있었다.

"나 다음달에 결혼해. 청첩장을 직접 전해줄 수 있게 돼서 다행이야."

만약 동생이 잊지 않고 편지를 부쳤다면 두 사람의 관계는 달라졌을까? 남자가 좀 더 용기를 내서 여자에게 편지를 받았는지 확인했다면 두 사람은 연인이 될 수 있었을까? 과연 누가 이 질문에 정확한 답을 해줄 수 있을까?

한 희극배우가 있었다. 그는 남들 앞에서 흉내 내기를 좋아하는 평범한 학생에 불과했다. 그런 그가 방송국에서 주최하는 신인 발굴 프로그램에서 성대모사로 상을 타면서 점점 이름이 알려지기 시작했다. 그것이 계기가 되어 오락 프로그램의 고정 게스트로 출연하고, 영화에도 캐스팅되는 행운이 잇따랐다. 지명도가 높아지자 수입도 많아졌다. 자고 일어나니 스타가

됐다는 말이 그를 두고 하는 말인 듯, 그의 삶도 완전히 달라졌다.

하지만 그 속을 들여다보면 이것이 행운만은 아니라는 사실을 알 수 있다. 그 역시 처음에는 방송 울렁증 때문에 가진 재능을 제대로 보여주지 못했던 적이 있다. 그러다 보니 한 차례 출연하고 나면 더 이상 그를 찾지 않았다. 그는 이 일로 한동안 방황했다. 하지만 다시 마음을 추스르고 남들이 보기에 '미친 짓'을 한번 해보기로 결심했다. 얼굴이 웬만큼 두껍지 않으면 할 수 없는 그 짓은 바로 초대받지 않은 손님이 되는 것이었다. 부르는 사람이 없어도 매일 촬영 장소로 나가 유명 연예인들을 보고 배웠다. 집에 와서도 연습을 게을리하지 않았다.

이렇게 3개월이 지나자 그의 노력이 사람들의 마음을 움직이기 시작했다. 그리고 기적처럼 다시 출연 기회가 찾아왔다. 그의 성공은 우연히 이루어진 것이 아니라 끊임없는 노력의 결실이었던 것이다.

우리는 성공한 사람들이 어떤 과정을 거쳤는지 보려 하지 않고 그가 이룬 결과물만을 부러워한다. 그들은 물 위에 우아하게 떠 있기 위해 물 밑에서 쉴 새 없이 다리를 버둥거려야 하는 백조와 다르지 않다. 그들의 성공 뒤에는 엄청난 노력이 숨겨져 있다. 노력하지 않는 자에게는 기회조차 찾아오지 않기 때문이다.

여기에 도전을 두려워하지 않는 용기만 가미된다면 나중에 후회하는 일 따위는 훨씬 줄어들지 모른다.

우리는 희망이 너무 멀리 있어 보이지 않는다고 말한다. 그러나 조금만 눈을 돌려보면 성공은 어느새 문 앞까지 다가와 문이 열리기를 기다리고 있다. 용기를 내서 그 문을 열어보자.

소음의 효과

똑똑한 사람은 할 말이 있어서 말을 하고, 멍청한 사람은 그냥 말이 하고 싶어서 말을 한다.

무명씨

철도회사에서 새로운 철로를 건설할 부지를 간신히 확보했다. 하지만 예상치 못한 난관에 부딪히고 말았다. 철로가 농경지를 관통한다는 이유로 농민들이 거세게 반발해왔기 때문이다. 그들은 철로 건설 때문에 농경지가 오염되면 엄청난 피해를 입을 거라고 주장했다.

철도회사는 농민들을 설득하기 위해 기술 전문가를 파견했다. 전문가는 연구 데이터를 잔뜩 보여주며 농민들을 설득했다.

"지금은 기차가 완전히 전기로 움직이기 때문에 오염 걱정은 전혀 안 하셔도 됩니다."

그 말에 화가 난 농부가 벌떡 일어나 따져 물었다.

"설사 오염이 되지 않는다 해도 소음은 어쩔 겁니까?"

전문가의 상투적인 답변이 이어졌다.

"정부가 규정한 안전 수치를 넘지만 않으면 소음 역시 문제될 게 없습니다."

여기저기서 농민들의 고성이 튀어나왔고, 좌담회는 결국 합의점을 찾지 못한 채 한바탕 싸움으로 끝나버렸다.

몇 달 후 철도회사에서 또 다른 전문가를 보냈다. 이번에는 기술 전문가가 아니라 실무 전문가였다. 그런데 협상 결과는 처음과 정반대였다. 농민들은 너무나 순순히 철도 건설 반대를 철회했다.

기술 전문가가 실무 전문가에게 그 비결을 물었다.

"도대체 어떻게 그들을 설득한 겁니까?"

"별거 없었어요. 참새 때문에 농사 피해를 얼마나 보느냐고 물었을 뿐이죠. 그랬더니 다들 참새가 한 해 농사를 망쳐놓는다고 하소연을 하시더군요."

기술 전문가는 무슨 소리인지 선뜻 이해가 되지 않았다.

"그래서 제가 그분들께 이렇게 말씀드렸죠. '바로

그겁니다. 철도를 건설하면 소음이 생기죠. 그런데 그 소음이 건강에 영향을 주지 않으면서 참새를 쫓는 데 아주 효과적이라면 여러분은 어떻게 하시겠어요? 철도를 건설하는 게 더 낫지 않을까요?'"

백 마디 말보다 단 한 마디를 해도 상대의 간지러운 곳을 긁어주는 것이 문제 해결의 핵심이다. 상대의 입장에서 문제를 바라보는 것이야말로 가장 설득력 있는 언변술이다.

이웃집 사람이 우리 집에 놀러 왔다. 그는 집을 둘러보다 조명등이 자기 집 것과 똑같다며 얼마 주고 샀느냐고 물었다. 알고 보니 내가 산 가격이 훨씬 저렴했다. 그녀는 놀란 토끼눈이 되어 물었다.

"어디서 그렇게 싸게 샀어요?"

그런데 그 뒷말이 너무 기가 막혔다.

"말도 안 돼! 짝퉁 아니에요? 그렇지 않고서야 그렇게 쌀 리가 없잖아요."

그날 이후 기분이 상해 다시는 그녀를 우리 집에 초대하지 않았다.

말 한마디로 천 냥 빚을 갚기도 하고, 원치 않는 악

연을 만들기도 한다. 그래서 말을 입 밖에 꺼내기 전에 그 말이 어떻게 받아들여질지 생각해보는 습관을 가져야 한다.

대화에도 기술이 필요하다. 말 한마디를 잘못해 일을 망치는 사람이 있는가 하면, 말 한마디로 상대의 마음을 움직여 일을 성사시키는 사람도 있다. 말을 많이 한다고 좋은 것은 아니다. 단 한마디를 해도 신중하게 상대를 배려할 줄 알아야 한다.

고작 그깟 일이라니요?

교육은 편하고 재미있는 것만 쫓아서는 안 된다. 그것은 사탕으로 아이를 달래는 속임수에 불과하며 절대 인재를 육성하는 교육이 아니다.

타오싱즈(陶行知, 중국의 교육자)

매일 저녁 초등학생 아들에게 심부름을 시키는 어머니가 있었다. 재활용 쓰레기봉투를 밖에 내놓는 일이었다. 이 모습이 시어머니의 눈에 곱게 보이지 않았다. 어린 손자가 들기에 쓰레기봉투가 너무 무거워 보였고, 비 오는 날까지 애를 내보내는 게 영 탐탁지 않았다.

하지만 며느리는 고집을 꺾지 않았다. 심지어 다른 사람이 도와주는 것도 절대 허락하지 않았다. 그러던 어느 날 시어머니는 손자가 안쓰러워 더는 두고 볼 수가 없었다.

"내가 대신 갖다 버리마!"

"안 돼요, 어머니. 혼자 하게 내버려두세요."

시어머니의 화가 폭발했다.

"고작 그깟 일을 왜 자꾸 애한테 시키니?"

"어머니, 이건 고작 그깟 일이 아니에요. 이 일을 통해 배우는 게 얼마나 많은데요?"

"그래? 그럼 어디 네 말 좀 들어보자. 도대체 왜 그렇게 어린 자식한테 쓰레기 심부름을 못 시켜 안달인지."

"장점이 얼마나 많은지 아세요? 우선 매일 꼭 해야 할 일이 생기면 책임감이 생겨요. 또 크고 무거운 쓰레기봉투를 들다 보면 짐을 요령껏 드는 법을 자연스럽게 익히게 되죠. 비가 오면 어느 길로 가야 비를 덜 맞을 수 있을지 살피고 판단하는 능력이 생기고, 이웃을 만나 인사를 하게 되면 인사성도 좋아져요."

시어머니는 며느리의 말에 아무런 반박도 할 수 없었다.

"듣고 보니 네 말이 맞구나. 그런 줄도 모르고 고작 그깟 일이라고 말했으니 내 생각이 짧았다."

초등학교 기간제 교사의 첫 음악 수업이 있는 날이었다. 이 학교 음악실은 신발을 벗고 들어가야 했다.

아이들은 수업 종이 울리자 서둘러 신발을 벗고 음악실로 들어갔다. 수업이 끝나자 다들 교실로 돌아갔는데 한 아이만 바닥에 주저앉아 훌쩍이고 있었다. 교사가 의아해하며 아이에게 물었다.

"교실로 안 가고 왜 울고 있니?"

"신발 신을 줄 몰라요."

더 놀라운 사실은 이 아이가 3학년이나 됐다는 것이었다.

알고 보니 아이는 늘 엄마, 아빠 혹은 보모가 신발을 대신 신겨주었다. 그러다 보니 신발을 어떻게 신는지 배울 기회가 전혀 없었던 것이다. 아마도 아이의 부모는 신발 신는 것을 아주 '사소한 일'쯤으로 여긴 듯했다. 그런데 이 사소한 일을 소홀히 하는 바람에 아이가 제때 배울 기회를 박탈해버리고 말았다. 이런 아이가 과연 어엿한 사회인으로 성장할 수 있을까?

예전에 회사에 다닐 때 신입사원 면접에 참석한 적이 있었다. 그때 만났던 한 응시자가 지금도 기억에 남는다. 그가 특별히 뛰어난 인재라서가 아니다. 서른이 넘은 남자가 어머니와 함께 면접을 받으러 왔기 때문이다. 심지어 그 어머니는 아들을 대신해서 사장과 연봉 협상을 하고 회사 복지 혜택을 물어보는 등, 전형적인 '헬리콥터 맘'의 모습을 보여주었다.

이 응시자는 당연히 떨어졌다. 그 나이 먹도록 아이처럼 엄마 치마폭에 파묻혀 있는 남자를 채용할 사장은 아마 아무도 없을 것이다. 그 후에도 '헬리콥터 맘'은 사장에게 전화를 걸어 아들이 떨어진 이유를 따져 물었고, 온갖 악담을 다 퍼부었다.

아이를 온전한 사회인으로 키우려면 사랑이라는 이름으로 아이의 학습 기회를 박탈해서는 안 된다. 사실 아이들은 우리가 생각하는 것 이상으로 놀라운 학습 능력을 가지고 있다.

비뚤어진 사랑은 아이를 비바람도 견디지 못하는 온실 속의 화초로 만들어버린다. 아이를 사랑한다면 스스로 배우고 행동할 수 있도록 기회를 줘보자.

part 3

나를 찾아주는 행복한 처방전

불량 낙하산

신중은 지혜의 등불이다.
프랑스 격언

국방부에서 낙하산을 대량 구입했다. 그런데 납품된 낙하산 중 일부에서 결함이 발견되었다. 안전도를 테스트해보니 몇 개의 낙하산이 제대로 펼쳐지지 않았던 것이다.

국방부는 납품업체를 불러 전량을 반품하고 새로 납품할 것을 요구했다. 업체 측이 손해를 감수하며 순순히 받아들일 리가 없었다. 업체 측은 자신들이 만든 낙하산에 결함이 생길 확률이 거의 제로에 가깝다며 데이터까지 제시했다. 그 데이터에 따르면 낙하산 천 개당 불량품이 한 개 정도 나왔고, 이 정도의 불량률은 지극히 정상적인 범주에 속했다.

하지만 군의 입장은 확고했다. 불량률이 천분의 일

이든 만분의 일이든 그로 인해 병사가 목숨을 잃을 수 있다면 절대 간과할 수 없는 문제였다.

군은 곧바로 회의를 소집해 이 문제를 논의했다. 이때 한 젊은 장교가 일어나 단언했다.

"이 일은 제게 맡겨주십시오! 업체 대표를 설득해서 불량품 제로의 낙하산으로 전면 교체할 자신이 있습니다!"

장성급 장교들은 반신반의하며 선뜻 결정을 내리지 못했다. 하지만 결국 그에게 기회를 줘보기로 했다. 과연 한 달도 되지 않아 낙하산은 불량률 제로의 제품으로 전면 교체되었다.

다들 그에게 비결을 묻지 않을 수 없었다.

"별거 없습니다. 업체 대표를 만나서 다음부터 낙하산을 납품하기 전에 무작위로 샘플을 몇 개 뽑아 사전 테스트를 해달라고 했을 뿐입니다. 단, 조건을 하나 내걸었죠. 테스트를 위해 그 대표에게 직접 낙하산을 메고 공중에서 뛰어내려달라고 했습니다. 그랬더니 불량률이 완전 제로가 되더군요."

한 친구가 운전하다 저승 구경을 할 뻔했다. 운전

을 하고 있는데 커다란 천이 갑자기 날아와 시야를 가로막은 것이다. 만약 그때 과속으로 달리기라도 했다면 대형 사고를 면치 못했을 것이다.

정신을 차리고 보니 앞서 달리던 이삿짐 트럭에서 날아온 이불이었다. 그는 서둘러 트럭을 막아 세우고 경찰에 신고했다. 그런데 운전사는 별것 아닌 일로 호들갑을 떤다며 도리어 친구를 비난했다.

"이불 하나 날아간 것 가지고 뭘 그래요? 사고가 난 것도 아닌데 경찰까지 부르면 어쩌자는 겁니까?"

그 말에 친구는 더 화가 났다.

"이삿짐을 실었으면 잘 고정을 했어야죠! 이불이 아니라 텔레비전이나 냉장고가 떨어졌으면 어쩔 뻔했어요? 게다가 여기가 고속도로였으면 그 이불 하나 때문에 대형 추돌사고가 벌어질 뻔했잖아요!"

운전사는 꿀 먹은 벙어리라도 된 듯 아무런 반박도 하지 못했다.

사람들은 때때로 뒷일을 생각하지 않고 대충대충 일을 처리하는 실수를 저지른다. 하지만 그런 부주의가 결국 사고를 부르고, 일이 터진 다음 후회해봤자 이미 늦은 다음이다. 이런 일을 피하고 싶다면 방법은 하나다. 좀 더 신중하게 생각하고 행동하는 것. 무슨 일이든 대충 했다가 큰코다치는 수가 있다는 것을 잊지 말자.

대충대충 일을 처리하는 것이 당장은 편리하고 빠를지 모르지만 어느 순간 돌이킬 수 없는 사고로 이어진다. 나중에 후회할 일을 조금이라도 줄이고 싶다면 좀 더 꼼꼼하고 철저하게 원칙을 지키는 습관이 필요하다.

다시 시작하려면

내려놓을 줄 알아야 길이 열린다.
무명씨

잘나가던 사업가가 있었다. 늘 승승장구하던 그에게 갑작스럽게 시련이 찾아왔다. 사업 실적이 곤두박질치면서 회사가 파산 직전까지 간 것이다.

자금줄이 막히자 그는 급한 대로 친구들을 떠올렸다. 하지만 지금 형편이 안 좋다고 해서 친구들이 자신을 무시하는 꼴은 도저히 봐줄 수가 없었다. 그래서 그는 친척에게 돈을 빌려 5성급 호텔 레스토랑에서 친구들을 대접한 후 돈 얘기를 꺼냈다. 그런데 선뜻 돈을 꿔주겠다는 친구가 단 한 명도 없었다. 다들 자기도 형편이 어렵다며 핑계를 대거나 아예 못 들은 척 딴전을 피우기도 했다.

모임이 끝난 후 남자는 허탈하고 노여운 감정을 추

스르기가 쉽지 않았다. 평소에 호형호제하며 지내던 친구들이 정작 도움이 필요한 순간에 단 한 명도 손을 내밀어주지 않았기 때문이다.

남자는 호텔을 나와 정처 없이 거닐다 어느 공원에 들어섰다. 문득 둘러보니 인부들이 공원에 심을 커다란 나무를 운반하느라 분주했다. 그런데 그들은 나무를 심기 전에 톱으로 잔가지들을 모두 쳐내기 시작했다. 잎이 무성했던 아름다운 나무는 순식간에 벌거숭이로 변해버렸다.

남자는 너무 궁금해 인부들에게 다가가 물었다.

"멀쩡한 잎이며 가지를 그렇게 다 잘라내면 나무가 죽지 않나요?"

그러자 인부 한 명이 웃으며 대답했다.

"이렇게 하지 않으면 나무에 더 해로워요. 나무를 옮겨 심으면 뿌리가 흙 속 깊이 자리 잡을 때까지는 물을 제대로 흡수할 수가 없어요. 그런데 나뭇가지와 잎까지 많으면 수분이 나무 끝까지 퍼지지 못해 말라 죽어요."

옆에 있던 다른 인부도 한마디 거들었다.

"나무를 위해서이기도 하지만 이렇게 안 하면 우리

도 힘들어요. 잔가지나 잎이 다 붙어 있으면 우리가 이 큰 나무를 어떻게 옮기겠어요?"

이 말에 남자는 정신이 번쩍 들었다. 그는 자신의 처지가 이 나무와 다르지 않다는 것을 깨달았다. 자신 역시 과거의 허영심을 철저히 잘라내지 못하면 다시 일어설 가망이 없었다.

이번엔 또 다른 사업가 얘기다. 그 역시 사업이 뜻대로 풀리지 않았지만 늘 희망을 잃지 않고 묵묵히 최선을 다했다. 친구들은 운이 따라주지 않는 그를 안타깝게 생각했다. 그리고 급하게 자금이 필요할 때마다 선뜻 주머닛돈을 털어 그를 도와주곤 했다.

그런데 남자가 친구들을 집으로 초대해 식사를 대접한 후부터 상황이 달라졌다. 그에 대한 친구들의 생각이 완전히 바뀌어버린 것이다. 늘 돈이 없다고 앓는 소리를 하던 그가 고급 아파트에서 상류층 못지않은 생활을 하고 있었기 때문이다.

아마도 그 자리에 있었던 사람들은 속으로 이런 생각을 했을 것이다. '설마 그동안 우리가 이런 놈한테 돈을 빌려준 거야?'

결국 누군가 참지 못하고 비아냥거리듯 물었다.

“돈 없다는 말을 입에 달고 살더니 집은 아주 좋네?”

남자는 너무나 뻔뻔하게 대답했다.

“돈이 없어도 누릴 건 누리고 살아야지. 안 그래?”

나한테 미래를 내다보는 능력은 없지만 단언하건대 이 친구는 결국 분수에 맞지 않는 생활을 하다 쪽박을 차고 말 것이다.

삶이 나락으로 떨어졌을 때는 그동안 가지고 있던 모든 것을 내려놓아야 한다. 그러지 못하면 그 무게에 눌려 끝내 바닥을 치고 다시 올라올 수가 없다.

허영심은 무거운 돌덩이와 같다. 그것을 끌어안고 내려놓지 않으면 그 무게 때문에 한 걸음 내딛기조차 힘들어질 때가 분명 온다. 내려놓는 것도 기술이다. 그 기술을 잘 익혀야 고통을 훌훌 털어버리고 새로운 시작을 할 수 있는 여력이 생긴다.

옹졸한 마음 버리기

타인에게 관대하고 자신에게 엄격하라

다이천즈(戴晨志, 대만의 작가)

속이 좁은 여자가 있었다. 그녀는 남편이 자신을 무시하는 것 같아 늘 불만이었다. 시부모, 시고모, 친구, 직장 동료에게는 누구보다 잘하면서 유독 자신만 찬밥 취급하는 게 너무 싫었다. 그래서 여자는 아는 사람만 만나면 남편 흉 보기에 바빴다.

"여자 팔자는 뒤웅박 팔자라더니 그 말이 딱 맞아. 어쩌다가 이런 남자를 만났는지 모르겠어."

어느 날 시부모님이 미리 연락도 하지 않고 갑자기 아들 집을 찾아왔다. 때마침 저녁식사 시간이라 여자는 냉장고 속 재료를 모두 꺼내 음식을 장만했다. 하지만 막상 차려놓고 보니 상이 너무 초라해 보였다. 남편 역시 이 상태로 부모님을 대접하기가 너무 민망했다.

"안 되겠어. 당신이 시장에 가서 반찬거리를 좀 더 사오는 게 좋겠어."

여자는 영 내키지 않았다. '내가 돌아오기도 전에 자기들끼리 먼저 먹어버리는 거 아냐?' 하는 생각이 들었다.

"얼른 갔다 와. 올 때까지 안 먹고 기다릴게."

여자는 입을 삐쭉거리며 불만에 가득 찬 표정으로 집을 나섰다. '아, 짜증나! 자기 식구밖에 모르는 주제에 날 기다려? 웃기고 있네! 내가 없는 틈에 자기들끼리 먼저 먹어버릴 게 분명해.'

여자는 마음이 영 놓이지 않아 아예 창가에 숨어 몰래 집 안을 훔쳐보았다. 이런 사정을 알 리 없는 남편과 시부모는 식탁에 둘러앉아 얘기를 나누고 있었다. 다들 배가 고팠지만 식탁에 차려진 음식을 보며 눈요기에 만족해야 했다.

그러다 남편이 참지 못하고 약속을 깨뜨렸다.

"안 되겠어요. 두 분 먼저 식사하세요."

부모님들이 막 수저를 들려는 찰나 갑자기 문이 벌컥 열리면서 그녀가 소리쳤다.

"이것 봐! 내가 이럴 줄 알았어! 나만 쏙 빼놓고 다

먹어치우려는 거 누가 모를까 봐?"

사실 진짜 악의적인 마음으로 가족을 대했던 사람은 남편이나 시부모가 아니라 그녀 자신이었다. 그녀 스스로 피해의식 때문에 지나치게 예민하게 반응했고, 결국 이런 웃지 못할 일을 초래한 것이다.

우리 주변에서도 이런 사례를 쉽게 발견할 수 있다. 한번은 친구와 함께 백화점에 쇼핑을 하러 갔다. 나는 평소 쇼핑을 즐기지 않는 편이지만 오랜만에 만난 친구가 같이 가자고 하니 차마 거절할 수 없었다.

백화점을 돌아다니는 도중에 가족에게서 전화가 한 통 걸려왔다. 뭐하냐고 묻기에 아무 생각 없이 친구 때문에 쇼핑을 나왔다고 대답했다.

그런데 전화를 끊고 나자 친구의 태도가 완전히 달라졌다. 쇼핑 삼매경에 빠져 즐거워하던 그녀가 갑자기 화난 사람처럼 아무 말도 하지 않았다. 도대체 무슨 일이냐고 물어도 속 시원한 대답이 돌아오지 않았다.

한참 후에야 간신히 그 이유를 들을 수 있었다.

"아까 전화할 때 친구 때문에 쇼핑 나왔다고 했잖아? 그럼 하고 싶지 않은 쇼핑을 나 때문에 억지로 하고 있단 얘기 아냐?"

무심코 내뱉은 한마디가 이런 오해를 만들 줄 상상도 못했다. 미안하기도 했고, 친구 마음을 풀어주려고 얼마나 애썼는지 모른다. 간신히 오해는 풀렸지만 말 한마디에도 예민하게 반응하는 그녀의 눈치를 보느라 스트레스가 이만저만이 아니었다. 자칫 또 말실수로 사이가 틀어질까 봐 편하게 대화하기조차 꺼려졌다.

타인의 말과 행동을 전부 악의적인 시선으로만 바라본다면 어떻게 될까? 분명 상대가 무슨 말을 하든, 어떤 행동을 하든 의심부터 하고 예민한 반응을 보이게 될 것이다. 이런 사람은 영원히 타인과의 관계에서 만족을 얻을 수 없고, 주변 사람들에게도 피해를 준다.

타인의 말과 행동 하나하나를 색안경을 끼고 보기보다는 좀 더 넓은 마음으로 사람을 대해보자. 웃는 일이 훨씬 많아질 것이다.

사람들이 하는 사소한 말과 행동까지 예민하게 받아들일 필요는 없다. 그래봤자 나만 힘들고 기분 상할 뿐이다. 좀 더 넓고 긍정적인 마음으로 타인을 이해하고 받아들여보자. 우울한 기분도 저 멀리 날아갈 것이다.

어떤 우유를 사야 할까?

다른 사람이 자신을 무시한다고 원망하기 전에 자신을 먼저 돌아보자.

무명씨

어느 부부가 우유 때문에 사소한 말다툼을 벌였다.

아내의 생각은 이랬다.

"우유를 사려면 유통기한이 최대한 많이 남아 있는 걸로 사야 해요. 그래야 좀 오래 놔두더라도 상하지 않죠."

"음, 엄마 말이 일리가 있네요."

아들이 옆에서 엄마의 주장을 거들었다.

하지만 남편의 생각은 정반대였다. 그는 말도 안 된다는 듯 코웃음을 치며 말했다.

"흥! 그러니까 당신이 이기적이고 생각이 짧다는 거야. 우유가 유통기한까지 팔리지 않으면 어떻게 되는 줄 알아?"

"당연히 제조업체에서 회수해 폐기처분하겠죠."

"바로 그거야. 괜한 낭비라는 생각 안 들어? 요즘 다들 환경보호니, 에너지 절약이니 말들이 많은데 그게 거창한 일이 아니야. 생활 속에서 충분히 실천할 수 있거든. 우유만 해도 그래. 어차피 집에 사다 두면 길어야 하루 이틀 만에 다 마시잖아. 그런데 뭐하러 유통기한이 많이 남은 우유만 찾는 거지? 차라리 유통기한이 얼마 안 남은 우유를 사는 게 쓸데없는 낭비를 줄이는 길 아니겠어?"

"음, 아빠 말도 맞네요."

아들이 이번에는 아빠 편을 들었다.

부부는 아들에게 노선을 정확히 하라며 장난스럽게 경고했다.

"아들! 네가 무슨 박쥐야? 여기 붙었다 저기 붙었다 하게? 심판을 보려면 제대로 해!"

"하지만 다 맞는 말인데……."

아들의 목소리에 억울함이 묻어났다.

"안 돼! 딱 한쪽만 선택해!"

부부는 약속이라도 한 듯 한 목소리로 소리쳤다.

"그럼 한 가지만 물어볼게요."

"뭔데?"

"도대체 왜 우유 때문에 싸우는 거예요?"

"네 아빠가 말도 안 되는 소리를 하니까 그렇지!"

"뭐? 말이 안 돼? 낭비를 줄이자는 게 뭐가 잘못인데?"

두 사람 사이에 다시 2차전이 시작될 분위기였다.

"잠깐만요. 우리 집엔 우유 먹는 사람도 없고, 지금까지 우유를 사본 적도 없잖아요. 근데 왜 먹지도 않는 우유 때문에 싸우는 거죠?"

두 사람은 뒤통수라도 한 대 맞은 것처럼 멍하니 서로를 바라보다 그 상황이 너무 기가 막혀 웃음을 터뜨리고 말았다.

똑같은 일이라도 사람마다 보는 관점이 다르고, 귀에 걸면 귀걸이 코에 걸면 코걸이인 경우가 많다.

대만의 성옌(聖嚴) 큰스님께서 행복한 결혼생활을 위한 비결을 알려주었다.

"부부는 완전히 다른 두 사람이 만나 하나가 되는 겁니다. 그러니 또 다른 반쪽이 자신이 되기를 바라서는 안 되지요."

사실 부부관계뿐 아니라 가족, 친구, 동료 간에도 마찬가지다.

몇 년 전에 교회를 다니기 시작한 친구가 있었다. 그 당시 친구들은 그가 드디어 마음의 평온을 찾았다며 기뻐해주었다. 그런데 아이러니하게도 이때부터 다들 그를 멀리하기 시작했다. 광신도로 변한 그 친구를 감당할 수 없었기 때문이다.

그는 하루가 멀다 하고 전화를 걸어 교회에 나가자고 했고, 이메일이나 SMS로도 끊임없이 전도를 했다. 친구들이 시큰둥한 반응을 보이면 도리어 화를 내고 이해할 수 없어 했다.

"이렇게 좋은 종교로 널 인도하는데 왜 싫다는 거야?"

사실 친구와 같은 종교를 갖고 신앙 생활을 하는 게 나쁜 일은 아니다. 다만 종교를 강요하는 그의 방식이 문제였다. 그런 전도 방식은 도리어 상대의 반감만 살 뿐이다.

사람과 사람 사이가 아무리 친밀하다고 해도 결국은 독립적인 개체의 만남일 뿐이다. 그래서 상대에게 나의 생각을 강요하는 것보다 상대의 말에 귀를 기울이고 존중하는 노력이 더 필요하다. 이것이 바로 불필요한 갈등과 충돌을 피하는 지름길이다.

나는 나일 뿐 영원히 남이 될 수 없다. 마찬가지로 남 역시 절대 내가 될 수 없다. 다른 사람에게 나의 생각을 100퍼센트 받아들이라고 강요하는 것처럼 황당한 일도 없다.

선의 순환

가진 것을 쪼개어 다른 사람에게 나눠준다고 해서 행복이 반으로 줄어들지는 않는다. 오히려 가진 것을 나눌수록 행복은 더 커진다.

구룽(古龍, 대만의 작가)

옥수수 농사를 짓는 형제가 우연히 최상급 품종의 옥수수 종자를 얻게 되었다. 그 덕에 형제는 토실토실 알이 굵고 단맛이 강한 옥수수를 수확해 비싼 값에 팔 수 있었다. 이 소식이 퍼지자 이웃 사람들이 종자를 얻으려고 너 나 할 것 없이 형제의 집을 찾아왔다.

형은 종자를 나눠주고 싶지 않았다. 그는 속으로 이런 계산을 했다. '개나 소나 다 심으면 희소성이 떨어지잖아. 그럼 제값에 팔지도 못할걸? 간신히 돈 좀 만지게 되었는데 괜히 남 좋은 일 시킬 수야 없지!'

그는 화를 내며 찾아온 이웃을 모두 쫓아 보냈다.

반면에 동생은 가진 종자를 모두 이웃들에게 듬뿍듬뿍 퍼주었다.

이듬해가 되었다. 그런데 동생네 밭에서 수확한 옥수수는 작년보다 품질이 더 좋아진 데 반해 형네 옥수수는 품질이 형편없었다. 형은 속이 상해 동생을 찾아가 그 비결을 물었다. 그러자 동생이 웃으며 대답했다.

"비결이랄 것도 없어. 원래 옥수수가 열매를 맺으려면 꽃가루가 날아와 수정이 되어야 하잖아. 이웃에서 모두 최고 품종 옥수수를 키우니까 날아오는 꽃가루도 당연히 최상급이 된 거지. 형네 이웃들은 품질이 떨어지는 종자를 심었나 보네. 그러니까 형네 옥수수도 그 영향을 받은 거 아니겠어?"

당신이라면 혼자 잘 먹고 잘사는 삶과 이웃과 함께 나누고 베푸는 삶 중에서 무엇을 선택하겠는가?

한 여자가 이혼 후 혼자 아이를 키우게 됐다. 가정형편도 좋지 않아 먹고 살 길도 막막했다. 음식 솜씨가 좋았던 그녀는 국숫집을 해보기로 결심했다. 다행히 맛집으로 입소문이 나면서 찾아오는 손님들이 늘어났고, 그 덕에 가난에서 벗어나 버젓한 음식점 사장으로 성공할 수 있었다.

그런데 여자는 다른 음식점 사장들과는 완전히 다

른 선택을 했다. 남들은 절대 공개하지 않는 '맛의 비법'을 원하는 사람들에게 무상으로 제공한 것이다. 그 덕에 절망에 빠져 방황하던 사람들이 다시 재기해 가족을 먹여살릴 수 있게 되었고, 새로운 희망을 품게 되었다. 또 오랫동안 실업자 신세로 지내다 아내와 아이를 데리고 동반 자살까지 하려 했던 남자도 그녀의 도움으로 새 삶을 찾았다. 훗날 그녀의 이야기가 언론에 보도되면서 국숫집은 더 문전성시를 이뤘고, 그 비법을 배우려는 사람들의 행렬도 끊이지 않았다. 국숫집 사장은 경제적인 여유와 더불어 베푸는 기쁨이 주는 마음의 평온과 행복을 얻을 수 있게 되었다.

착한 일을 하면 반드시 복을 받는다는 말이 그냥 나온 말은 아닌 듯싶다. 남에게 베풀고 잘하는 것이 결국은 다 나를 위한 일이라는 생각이 든다.

경제적 능력이 된다면 남을 돕는 일에 인색하지 말자. 우리의 작은 선행이 또 다른 선행을 낳고, 이렇게 '선의 순환'이 이루어지다 보면 우리에게도 언젠가 그 보답을 받을 날이 온다.

인간을 위한 배려

진정으로 행복한 사람은 생명을 이해하고 사랑할 줄 아는 사람이다.

바진(巴金, 중국의 작가)

어느 절의 주지스님이 매일 절에서 함께 지내는 스님들과 함께 식사를 했다. 그는 출가한 사람이라면 누구도 차별 없이 평등하게 지내야 한다는 원칙을 고수했다. 그래서 주지스님의 식사는 여느 스님들과 조금도 다르지 않았다.

어느 날 식사를 차리던 젊은 스님이 실수로 다른 스님의 밥과 반찬을 주지스님 자리에 놓고 말았다. 반찬을 집어 입에 넣는 순간 주지스님의 표정이 바뀌었다. 반찬에 소금 간이 하나도 되어 있지 않았기 때문이다.

주지스님은 곧바로 식사 준비를 하는 스님을 불러 그 이유를 물었다. 그제야 그는 소금이 너무 비싸서 지난 반년 동안 소금을 넣지 않고 반찬을 만들었다는 사실을 알게 되었다. 오로지 그에게만 간이 든 음식이 올라온 것이다. 주지스님이 굳은 표정으로 호통을 쳤다.

"이 절에서는 누구나 똑같이 대해야 한다고 하지 않았습니까? 나 혼자만 특별한 대접을 받는 게 말이 됩니까? 이런 내가 어떻게 이 절을 제대로 이끌어갈 수 있겠습니까? 얼굴을 들 수 없을 정도로 부끄러운 일을 저질렀으니 이제 그 벌을 받을 때가 됐습니다."

그 후 주지스님은 홀로 선방에 들어가 폐관수행을 했다. 이 소식이 전해지자 절에 기거하는 스님들이 모두 선방 앞에 무릎을 꿇고 앉아 잘못을 빌었다.

그렇지만 며칠이 지나도록 주지스님은 꿈쩍도 하지 않았고, 식사조차 거부했다. 스님들 역시 꼼짝도 하지 않고 선방 앞을 지켰다.

그러던 어느 날 저녁 주지스님의 꿈에 보살님이 나타났다. 그런데 보살님의 모습이 평상시와 너무나 달랐다. 볼은 움푹 들어가고 피골이 상접한 모습이었다.

"보살님, 모습이 왜 이렇게 많이 변하셨습니까?"

주지스님이 놀라움을 감추지 못하며 묻자 보살이 힘없는 목소리로 대답했다.

"그대가 나를 벌하고 있기 때문입니다."

주지스님이 황망하게 무릎을 꿇었다.

“제가 어찌 그런 일을 한단 말입니까?”

“그대는 늘 세상의 모든 중생이 바로 보살이라고 말하지 않았나요? 지금 그대가 자신을 벌하고 있으니 그것이 바로 나를 벌하는 것이지요.”

꿈에서 깨어난 주지스님은 불현듯 문밖에서 무릎을 꿇고 있는 스님들을 떠올렸다.

“보살님께서 내게 알려주시려는 게 이것이었구나. 나로 인해 무고한 사람들이 고생을 하고 있었어.”

주지스님은 곧바로 선방의 문을 열고 나와 스님들을 한 사람 한 사람 일으켜 세워주었다.

주지스님의 폐관수행은 이렇게 끝이 났다. 그것은 자신을 위한 것이 아니라 무고한 사람들에게 피해를 주지 않기 위한 배려이자 자비였다.

예전에 우울증 환자들을 위해 자원봉사를 하는 분을 인터뷰했다. 그녀 자신도 우울증 때문에 힘든 시간을 보낸 경험이 있었다. 당시 그녀는 남편이 외도하고 있다는 사실을 알고 자살을 시도했는데 때마침 딸이 발견해 병원에 실려가 목숨을 건졌다고 했다.

그녀는 그때를 떠올리며 한숨을 내쉬었다. 그때 딸의 눈물을 보고 나서야 자살이 여러 사람에게 고통을 주는 일이라는 사실을 깨달았다는 것이다. 그녀는 자신의 어리석은 행동 때문에 부모님과 딸은 물론 친구들에게조차 충격과 걱정을 안겨주었다고 했다.

"남편은 나 한 사람에게 죄를 지었지만 나는 너무나 많은 사람에게 못할 짓을 했어요."

참 많은 것을 생각하게 하는 말이다. 누구든 자신을 궁지로 몰아넣는 극단적인 선택을 생각할 때가 있다. 만약 그런 순간이 찾아온다면 주위를 한번 둘러보자. 그들이 나로 인해 힘들어한다면 나의 행동은 옳은 선택이 될 수 없다. 우리를 사랑하는 많은 사람들을 위해 조금만 더 자신을 아끼고 관대해지자.

자신에게 가혹하게 굴거나 자살과 같은 극단적 선택을 할 권리는 누구에게나 있다. 그러나 우리를 사랑하는 사람들에게 상처와 고통을 줄 권리는 누구에게도 없다. 우리 곁을 지켜주는 그들을 위해서라도 좀 더 자신을 아끼고 용감하게 세상과 맞서보자.

지식의 가치

지식은 인류의 수호신이다.
괴테

회사에 근무한 지 30년이 다 되어가는 베테랑 엔지니어가 있었다. 그런데 그는 지금껏 단 한 번도 사장에게 인정을 받아본 적이 없었다. 돈만 밝히는 성질 더러운 사장은 걸핏하면 직원들에게 버럭버럭 소리지르며 하인처럼 부려먹기만 했다. 그래도 엔지니어는 자기만 바라보고 사는 가족을 생각해 꿋꿋이 정년을 채웠다.

퇴직하고 몇 년 지났을 때쯤 갑자기 사장으로부터 전화가 걸려왔다. 그는 다짜고짜 기계에 심각한 결함이 생겼는데 아무도 손을 못 대고 있다며 그에게 당장 와달라고 했다. 명령조의 말투는 여전했다.

엔지니어는 별말 없이 전화를 끊고 서둘러 공장으로 갔다. 그는 베테랑답게 기계를 쭉 둘러보며 문제가 생긴 부분에 분필로 표시를 하고는, 직원들에게 이렇게 저렇게 수리하라고 지시했다. 모든 일이 일사불란하게 진행됐고, 공장 설비는 곧 정상으로 회복되었다.

문제가 해결된 후 엔지니어는 사장에게 청구서를 한 장 내밀었다. 그런데 금액을 확인하는 순간 사장의 눈이 휘둥그레졌다. 청구한 금액이 무려 1만 달러나 되었기 때문이다.

사장이 기겁하며 그를 쳐다봤다.

"이건 너무 과하지 않나? 공장 한 바퀴 돌며 작업 지시한 게 다이고, 그것도 고작 한 시간밖에 걸리지 않았어. 그런데 이렇게나 많이 청구하다니 말도 안 되네. 좀 더 싸게 안 되겠나?"

"그래요? 그럼 좀 깎아드리죠."

엔지니어가 화끈하게 대답했다.

"1달러를 깎아드리겠습니다."

"자네 지금 농담하나? 도대체 무슨 근거로 이런 금액이 나온 건지 얘기나 들어보세."

엔지니어는 침착하게 상세한 내역을 기록한 종이를 건넸다. 그 종이에는 분필 1달러, 그리고 30년 동안 쌓아온 기계 수리 전문지식 비용이 9,999달러라고 쓰여 있었다. 엔지니어가 사장을 똑바로 쳐다보며 당당하게 말했다.

"분필 값은 깎아드리겠지만 그 나머지 금액은 적힌 대로 지불해주십시오."

지식은 어떤 것이든 가치가 있을까? 누가 이런 질문을 한다면 나의 대답은 예스다.

나는 어릴 때부터 심심풀이로 읽는 가벼운 소설이나 잡지를 무척 좋아했다. 학창 시절에는 쓸데없이 이런 책을 읽는다며 선생님의 꾸중을 듣기도 했다. 그러나 나는 절대 시간 낭비라고 생각하지 않는다. 최소한 책을 즐겨 읽는 습관이 생겼고, 책을 보며 기분 전환을 했다. 이 정도면 그런 책들도 그 가치를 톡톡히 한 셈이 아닐까?

게다가 독서는 시간이 흐를수록 더 진가가 드러난다. 우선 책을 보는 습관이 생겨 하릴없이 시간을 보내는 일이 거의 없다. 집에서든 버스를 기다릴 때든 책은 참 유용한 친구다.

또한 자질구레한 책들로부터 얻은 지식이 나의 인간관계에 꽤 도움이 되었다. 처음 만난 자리에서 상대

방이 문학, 영화, 정치, 시사, 환경 등 그 어떤 화제를 꺼내도 책에서 한 번쯤은 접했던 내용이라 꿀 먹은 벙어리 신세는 면할 수 있었다. 깊이 있는 전문지식은 없다 해도 최소한 대화는 통했으니 말이다.

가장 중요한 장점은 책을 통해 새로운 지식을 얻을 수 있다는 것이다. 책 속에 등장하는 흥미롭고 신기한 이야기를 읽다 보면 세상에 대한 호기심과 설렘으로 행복해진다.

꼭 시간을 정해놓고 바른 자세로 공부하듯 책을 읽을 필요는 없다. 짬나는 시간을 이용해 손 가는 대로 아무 책이나 잡고 즐기면 된다. 독서의 즐거움은 많이 굴릴수록 커지는 눈덩이와 같다. 많이 읽을수록 얻는 것이 많아지고, 즐거움도 커지기 때문이다.

지식은 인생에서 가장 귀한 자산이다. 지식이 시야를 넓혀주고 무미건조한 생활에 활력을 주기 때문이다. 더구나 지식의 가치는 누가 훔쳐갈 수도 없고, 다른 무엇으로 대체할 수도 없다. 그러니 지금부터라도 독서하는 습관을 키워보자.

칭찬은 고래도 춤추게 한다

칭찬은 상대의 감정뿐 아니라 이성마저 마비시킨다.
레프 톨스토이

성격이 드센 여자가 착하고 점잖은 남자와 결혼을 했다. 결혼 전에 여자는 남자에게 몇 가지 약속을 받아냈다.

'첫째, 부부싸움을 하게 되면 잘못은 무조건 남편에게 있다. 둘째, 설령 아내 잘못이라 해도 남편이 먼저 사과한다. 셋째, 사과는 반드시 싸움이 벌어진 뒤 한 시간 안에 한다.'

남자는 별거 아니라는 듯 흔쾌히 동의했고, 두 사람은 행복한 결혼식을 올렸다.

결혼 후 아내는 사소한 일로 남편에게 잔소리를 퍼붓다가 해서는 안 되는 말까지 하고 말았다. 순둥이 남편도 그때만큼은 참지 못하고 불같이 화를 냈다. 두 사람은 각자 침대 끝에 걸터앉아 아무 말도 하지 않았다. 방 안에는 정적만이 흘렀다.

한참이 지난 후 아내가 남편을 향해 종이뭉치 하나를 휙 던졌다. 남편은 종이를 펼치기도 전에 뭐라고 썼을지 알 만하다고 생각했다. 아니나 다를까, 종이의 왼쪽 상단에 이런 글이 쓰여 있었다.

'흥, 실망이야. 설마 나와의 약속을 벌써 잊었어?'

남자는 아내가 여전히 자기 탓만 하고 있다는 생각에 실망했다. 그러다 무심코 아래쪽을 보니 오른쪽 하단 구석에 이런 글이 쓰여 있었다.

'더 이상 화내고 싶지 않아! 벌써 59분 지났어. 그러니까 빨리 사과해.'

그리고 그 옆에 울고 있는 여자의 얼굴이 그려져 있었다. 남자는 피식 웃음을 터뜨리며 아내에게 다가가 따뜻한 포옹과 함께 화해를 했다.

괜한 고집을 피우며 자존심을 내세우다 사이가 어색해지는 경우가 많다. 그리고 제때 그 어색한 분위기를 깨는 것 역시 생활의 지혜이다. 이럴 때 칭찬 몇 마디가 사람과 사람 사이를 부드럽게 해주는 윤활제 역할을 한다.

내가 아는 노부부는 아직도 신혼처럼 금실이 좋다. 어느 날 그분들 댁을 방문했는데 요리 솜씨며 자식 교육까지 할아버지의 아내 자랑이 그치질 않았다. 할머니는 쑥스러우신지 얼굴을 붉히며 할아버지에게 면박을 주었다.

"손님 앞에서 창피하게 왜 자꾸 쓸데없는 소리를 하세요."

하지만 그녀의 얼굴에는 미소가 떠나지 않았다.

나중에 할아버지는 몰래 이런 귀띔을 해주셨다.

"집사람이 평생 집안 살림만 해서 그런지 자신감이 별로 없어. 그래서 기회가 될 때마다 칭찬을 해주고 있다네."

"할아버지처럼 부인에게 잘하시는 분은 처음 뵈어요!"

"그렇게 보여? 사실 따지고 보면 이게 다 날 위해서라네."

그는 너털웃음을 터뜨리며 농담처럼 속내를 털어놓았다.

"집사람의 기분이 좋아야 집안이 시끄럽지 않지. 안 그러면 나를 달달 볶아대서 내가 피곤해."

할아버지의 말대로라면 행복한 결혼생활을 오랫동안 유지하는 비결은 의외로 간단하다. 바로 가능한 한 칭찬을 많이 하는 것이다. 상처가 되는 모진 말을 칭찬으로 바꾸는 순간 우리의 생활이 행복해질 수 있다. 돈 드는 일도 아닌데 당장 실천해보는 것은 어떨까?

말 때문에 갈등이 생기기도 하고 서로의 관계가 더 긴밀해지기도 한다. 그렇다면 악담보다는 듣기 좋은 말을 한마디라도 더 하기 위해 노력해보는 것은 어떨까? 칭찬 한마디에 우리의 생활이 더 즐거워질 수 있다.

Seize the Day

추장의 일기예보

나에게 삶의 의미란 타인의 입장이 되어 생각하는 것이다.

윌리엄 셰익스피어

한 탐험가가 아프리카 오지를 찾아갔다. 그는 먹을 게 떨어질 때마다 정글 깊숙한 곳에 있는 작은 부락을 찾아가 도움을 받곤 했다.

어느 날, 남자가 부락으로 먹을거리를 사러 왔을 때 추장이 갑자기 하늘을 쳐다보며 주의를 주었다.

"곧 큰비가 올 겁니다. 조심하세요!"

탐험가는 황당했다. 하늘은 구름 한 점 없이 맑은데 무슨 비가 온단 말인가! 그런데 추장이 예측한 대로 저녁이 되자 폭우가 쏟아지기 시작했다. 계곡 물이 순식간에 불어나는 바람에 탐험가는 하마터면 잠자다 그대로 물살에 휩쓸려갈 뻔했다.

이때부터 탐험가는 부락을 찾을 때마다 추장에게

날씨를 물었다. 그리고 추장의 예측은 한 번도 틀린 적이 없었다. 탐험가는 탐험일지에 이렇게 기록했다.

'원시부락 원주민들에게는 자연을 관찰해 날씨를 예측하는 능력이 있다. 그들의 능력이 정말 놀라울 뿐이다.'

어느 날 탐험가는 또 부락을 찾아가서 추장에게 물었다.

"내일은 날씨가 어떨까요?"

그런데 이번에는 모른다는 대답이 돌아왔다. 탐험가는 의아해하며 물었다.

"아니, 왜요? 설마 날씨를 예측하는 능력이 사라지신 겁니까?"

"네, 그런 셈이지요."

추장이 고개를 끄덕이며 대답했다.

"하지만 건전지 두 개만 있으면 곧 답을 드릴 수 있습니다."

탐험가는 기가 막혀 되물었다.

"건전지요? 날씨를 예측하는 데 건전지가 왜 필요한가요?"

"당연히 필요하지요!"

이어진 추장의 대답에 탐험가는 그만 할 말을 잃고 말았다.

"라디오 건전지가 다 돼서 일기예보를 듣지 못하고 있거든요."

예전에 새로 이사한 동네에서의 일이다. 이웃집 여자가 시도 때도 없이 나를 불러냈다. 그럴 때마다 차도 마시고, 밥도 먹고, 쇼핑도 하며 시간을 보냈고, 그 덕에 새로운 동네에 잘 적응할 수 있었다. 그런데 그녀의 친절이 점점 부담스러워지기 시작했다. 한번 만나면 하루가 후딱 지나가버려 다른 일을 전혀 할 수 없었기 때문이다. 그렇다고 매번 호의를 거절하자니 여간 미안한 일이 아니었다. 그러다 보니 자꾸 피하게 되고 전화 받는 것도 꺼려졌다.

그녀도 내가 피하는 것을 느꼈는지 어느 날 이렇게 물었다.

"내가 왜 자기를 자꾸 밖으로 불러내는지 알아?"

"무슨 이유라도 있어?"

"종일 집에 틀어박혀 있으면 얼마나 심심하고 답답하겠어. 그래서 그런 거지."

그제야 그녀의 지나친 친절이 이해되기 시작했다. 그녀는 전업주부라 남편 출근시키고 아이들 학교 보내고 나면 집안일 말고 딱히 할 일이 없었다. 그래서 나 역시 똑같은 처지일 거라고 생각했던 것 같다. 그러나 나는 그녀와 라이프 스타일이 달랐다. 비록 대부분의 시간을 집에서 보내지만 원고를 쓰고, 자료를 찾고, 이메일과 전화로 업무를 보는 등 정해진 하루 일과가 있었다.

내가 이런 사정을 이야기하자 그녀가 나를 불러내는 횟수도 훨씬 줄어들었고, 이로 인해 스트레스를 받는 일도 사라졌다.

앞에서 얘기한 탐험가는 밀림에 사는 원주민에 대한 고정관념을 가지고 있었다. 그래서 그는 그들이 문명의 혜택을 전혀 받지 않고 산다고 착각했고, 라디오를 통해 세상과 소통할 거라고는 상상도 하지 못했다. 내가 만난 이웃집 여자도 마찬가지다. 집에 있으면 누구나 무료할 거라는 고정관념을 가지고 있었기 때문에 나에게 부담스러운 호의를 베푼 것이다.

이처럼 자기 입장에서 세상을 바라보는 고정관념은 소통을 방해하는 걸림돌이다. 고정관념을 버리고 서로를 대해보자. 엉뚱한 오해로 불편해지는 일이 훨씬 줄어들 수 있다.

사람은 늘 고정관념에서 자유롭지 못하다. 하지만 이것을 깨지 못하면 소통이 껄끄러워지고, 심지어 불필요한 갈등이 불거지기도 한다. 다른 관점에서 생각하려는 노력을 해보자. 훨씬 더 행복한 인간관계가 우리 생활에 활력을 불어넣어줄 것이다.

공작새의 전설

행복의 가장 큰 조건은 만족이다.
영국 격언

숲 속에 아주 예쁜 새 한 마리가 살았다. 그런데 이 새는 자기 외모에 만족할 줄을 몰랐다. 어느 날 큰비가 내리고 난 후 하늘에 무지개가 떠올랐다. 새는 무지개를 보자마자 생각했다. '내 깃털이 저 무지개 빛깔처럼 화려해지면 얼마나 좋을까?'

그래서 그는 매일 신께 간절히 소원을 빌었다. 그러던 어느 날 신이 새 앞에 나타났다.

"네 간절한 바람이 하늘까지 전해지더구나. 그래서 이렇게 너의 소원을 들어주러 왔느니라. 그런데……."

신이 잠시 멈칫하며 한 번 더 확인을 했다.

"마지막으로 한 번 더 생각할 기회를 주마. 정말 그렇게 되기를 원하느냐?"

"물론입니다!"

새는 생각할 필요도 없다는 듯 얼른 소리쳤다.

"세상에서 가장 아름다운 새가 될 수만 있다면 그 어떤 대가라도 치르겠습니다."

잠시 후 신이 손을 한 번 크게 휘젓자 새의 몸에서 긴 꼬리털이 자라났다. 화려하고 영롱한 빛깔이 마치 무지개를 몸에 옮겨놓은 듯 아름다웠다.

새는 무척이나 만족해하며 사방으로 깃털을 뽐내러 다녔다. 그리고 다른 새들의 부러워하는 시선을 맘껏 즐겼다.

그런데 갑자기 숲 속이 들썩이며 동물들이 정신없이 도망치기 시작했다. 알고 보니 커다란 호랑이가 사냥을 나선 것이다. 새는 맹수의 공격을 피해 본능적으로 나무 위로 날아올랐다. 그런데 새로 생긴 꼬리가 가지에 걸려 다시 땅에 떨어지고 말았다. 뛰어서 도망치려 해도 꼬리가 길고 무거워 몸이 생각대로 움직여주지를 않았다. 새는 순식간에 호랑이에게 따라잡혔다.

다행히 일촉즉발의 순간에 신이 나타나 새를 구해주었다. 새는 신에게 꼬리를 원래대로 돌려달라고 간청했지만 신은 고개를 가로저을 뿐이었다.

이때부터 이 묵직한 꼬리는 영원히 새와 함께하게 되었다. 새는 적의 공격을 피하기 위해 다른 동물들이 깨어나지도 않은 새벽에만 돌아다녔고, 그러니 아름다운 꼬리를 자랑하고 싶어도 봐줄 상대조차 없었다.

이것은 몇 년 전 인도에 여행 갔을 때 현지인에게서 들은 이야기다. 그는 이 새가 바로 공작새의 시조라고 했다. 가만 생각해보니 우리 역시 이 공작새와 참 닮아 있지 않은가. 사람 역시 권력, 돈, 아름다움을 손에 넣고 과시하려는 욕구가 있으니 말이다. 하지만 이것을 얻으려면 그에 상응하는 대가를 치러야 한다.

예전에 모임에 나갔다가 영화배우를 만날 기회를 갖게 되었다. 스크린에서만 보던 배우를 바로 코앞에서 보니 너무 신기하고 부럽기만 했다.

이런저런 수다를 떨다 한 친구가 그녀에게 물었다.

"결혼할 나이가 다 됐는데 남자친구 없으세요?"

"저희 같은 사람은 남자도 편하게 못 사귀어요. 어디를 가나 파파라치가 따라붙어서 연애 감정이 생기기도 전에 스캔들 기사가 터지거든요. 결국 남자들이 먼저 지쳐서 도망쳐버려요."

그녀의 고충은 이뿐만이 아니었다. 카메라에 예쁘게 찍히기 위해 늘 다이어트를 하다 보니 데뷔 이후 맘 편히 먹어본 기억이 없다고 했다. 심지어 그녀는 자리를 뜰 때조차 정문으로 나가지 못하고 뒷문으로 몰래 빠져나갔다. 파파라치가 문 앞에서 지키고 있었기 때문이다.

그녀를 보면서 영화배우라는 화려한 모습 뒤에 숨겨진 고충이 느껴져 안타까웠다. 그녀는 길거리를 편하게 돌아다니지도 못한다고 했다. 이 여배우의 눈에는 우리가 누리는 평범한 일상이 아마도 가장 사치스러운 행복처럼 보였을 것이다.

우리는 아름다운 공작새는 되지 못할지도 모른다. 그러나 가장 평범하지만 행복한 자신을 만들 수는 있지 않을까?

우리는 타인의 화려한 일면만을 볼 뿐 그 뒤에 감춰진 그늘을 보지 못한다. 어쩌면 그들은 우리가 생각지도 못한 대가를 치르고 있을지 모른다. 타인을 부러워하기 전에 평범해도 행복한 자신을 맘껏 누려보자.

평범함 속에 숨겨진 비범함

작은 일도 제대로 해내지 못하는 사람에게 큰일을 맡길 수 있을까요?

데일 카네기

우체국에 갓 입사한 우체부가 있었다. 그런데 매일 반복되는 편지 배달이 점점 재미가 없어졌다. 월급도 쥐꼬리만 하니 의욕도 생기지 않았다. 그는 우체국을 그만둘 생각을 하며 사직서까지 써두었다.

어느 날 여느 때처럼 편지를 배달하고 있는데 갑자기 폭우가 쏟아지기 시작했다. 그 바람에 마지막 남은 편지 한 통이 빗물에 젖고 말았다. 글자가 번져 주소와 이름도 제대로 보이지 않았다.

그때 이런 생각이 그를 유혹했다. '그냥 버려버릴까? 어차피 아무도 모르잖아.'

하지만 양심상 차마 그렇게까지는 할 수가 없었다. 그는 흐릿한 글자를 이리저리 뜯어보고 간신히 주소를 유추해 빗속을 뚫고 배달을 갔다. 그리고 마음속으로 연신 이런 생각을 했다. '이게 마지막이야. 내가 오늘은 꼭 사직서를 내고 만다!'

간신히 목적지에 도착한 그는 할머니의 손에 편지를 건네주었다. 그런데 편지를 받아든 할머니의 표정이 심상치가 않았다. 그녀는 떨리는 손으로 허둥지둥 봉투를 뜯었다. 잠시 후 할머니는 편지를 가슴에 꼭 끌어안고 우체부에게 연신 고맙다며 허리를 굽혔다.

우체부는 자초지종을 듣고 자신이 전쟁터에 나간 아들의 편지를 배달했다는 것을 알게 되었다. 편지에는 이런 사연이 적혀 있었다.

'어머니, 전 아직 살아 있어요. 전쟁이 끝났으니 이제 곧 집으로 돌아갈게요.'

그날의 배달을 모두 마치고 우체국으로 복귀한 우체부는 그동안 서랍 속에 넣어두었던 사직서를 찢어버렸다. 그리고 이 일을 평생 직업으로 삼겠다고 결심했다. 그는 실제로 일본에서 30년 넘게 우체부로 일했고, 그 공로를 인정받아 정년퇴직할 때 나라에서 주는 표창장까지 받았다고 한다. 이 이야기는 모두를 감동시킨 그의 수상 소감 중 일부다.

우리가 사는 사회는 하나의 기계와 같다. 이 기계는 엔진, 크고 작은 톱니바퀴, 나사 같은 수많은 부품으로 구성되어 있다. 이 중 하나라도 제 역할을 하지 못하면 사회는 순조롭게 굴러갈 수 없다.

그런데 사람들은 대부분 가장 중요한 엔진이나 톱니바퀴만 중요하게 생각하고 나사의 역할을 무시하는 경향이 강한 것 같다. 그래서 자신에게 나사 역할이 주어지면 세상이 자신의 능력을 알아주지 않는다고 불평을 해댄다. 자신을 비하하면서 말이다.

내가 자주 가는 레스토랑에 서빙하는 아르바이트 직원이 둘 있었다. 한 여자는 늘 불친절한 얼굴로 손님을 맞이했고, 또 한 여자는 언제나 웃는 얼굴로 친절하게 손님을 대했다.

그들은 똑같은 월급을 받으며 일했지만 결과는 전혀 달랐다. 첫 번째 여자는 월급 외에는 아무것도 얻지 못했다. 반면에 두 번째 여자는 손님들과의 교감을 통해 사람을 대하는 법과 서비스 마인드를 키웠고, 세상을 보는 시야를 넓혔다. 운이 좋으면 그녀를 스카우트하려는 사람이 생길지도 모를 일이다.

이처럼 무슨 일을 하든 마음가짐이 중요하다. 평범

한 일이라도 그 속에서 특별한 즐거움을 발견할 수 있다면 일이 주는 성취감 그 이상의 수확을 얻을 수 있기 때문이다.

누구나 위대한 사람이 될 수 있는 운명을 타고나는 것은 아니다. 다만 평범한 운명일지라도 그 속에서 특별한 불씨를 찾아내 빛나는 인생을 살 수도 있다. 그것은 온전히 자신의 마음가짐에 달려 있다.

디테일의 차이

디테일의 중요성은 아무리 강조해도 지나치지 않는다.

무명씨

어느 집에서 새해를 맞아 대청소를 시작했다. 주방을 치우다 보니 몇 년 동안 사용하지 않은 그릇이며 잔들이 한 가득 나왔다. 주인은 이것들을 큰 상자에 담아 대문 앞에 내놓고, 담벼락에 '필요한 분들께 공짜로 드립니다!'라고 쓰인 종이를 붙여놓았다.

남자는 수시로 창밖을 보며 사람들의 반응을 살폈다. 예상대로 지나가는 사람들마다 멈춰 서서 그릇에 관심을 보였다. 하지만 아무도 가져갈 생각을 하지 않았다.

결국 대문 앞에 놓인 그릇이 애물단지가 되어버렸다. 게다가 비라도 내리면 황급히 뛰쳐나가 그릇을 집 안으로 옮겨놓아야 하는 게 몹시 귀찮았다.

며칠이 지나도록 그릇 가져가는 사람이 나타나지 않자 남자는 심기가 불편해졌다.

"정말 이상하네? 멀쩡한 물건을 공짜로 준다는데도 왜 안 가져가지?"

주말이 되자 분가해 살고 있는 딸네 식구들이 찾아왔다. 오랜만에 온 가족이 모여 즐거운 시간을 보냈지만 남자의 신경은 온통 집 앞에 내놓은 그릇에만 쏠려 있었다.

다음날 아침 남자는 여느 때처럼 그릇을 확인하러 나갔다. 그런데 놀라운 일이 벌어졌다. 밤사이 그릇이 전부 사라진 것이다. 게다가 상자 위에 고맙다는 메모까지 남겨져 있었다. 남자는 너무나 기뻐 하늘을 향해 소리쳤다.

"하느님 감사합니다! 드디어 제 소원이 이루어졌습니다!"

그 소리를 듣고 나온 딸이 의미심장한 미소를 지으며 말했다.

"아버지, 하느님이 아니라 저한테 감사하세요."

"응? 그게 무슨 소리니?"

남자가 의아한 듯 물었다.

"길 가던 사람들이라면 누구나 그릇에 관심을 가질 수밖에 없어요. 근데 깨지기 쉬운 그릇을 그냥 들고 갈 엄두가 나지 않았던 거죠. 그러니 다들 보기만 하고 그냥 간 거예요. 그래서 제가 그릇 상자 옆에 포장을 할 수 있는 신문지와 비닐봉투를 가져다 놓았죠."

결혼 축하 케이크를 전문으로 만드는 빵집이 있었다. 케이크가 만들어지면 직원들은 그것을 하나하나 상자에 넣어 예쁜 리본으로 장식했다.

한번은 고객이 케이크 백 개를 주문했다. 촉박한 기한에 맞추기 위해 직원들은 이리 뛰고 저리 뛰었고 간신히 주문량을 채울 수 있었다. 그런데 사장이 마지막으로 케이크 상자를 일일이 확인하더니 수십 개를 다시 포장하라고 돌려보냈다. 상자나 케이크에 문제가 있어서가 아니었다. 고작 상자를 포장한 리본이 제대로 묶여 있지 않아서였다.

한 직원이 너무 기가 막혀서 사장에게 불만을 터뜨렸다.

"이렇게 급하게 케이크를 대량 주문한 고객도 문제 아닙니까? 그러니 고객도 이 정도쯤은 눈감아주겠죠!"

"그건 자네 생각이지. 이 작은 흠이 나중에 어떤 문제를 불러올지 한 번이라도 생각해봤나? 케이크를 받아든 사람은 우리를 프로답지 못하다고 생각할 거고, 그럼 그동안 쌓아온 우리의 명성이 한순간에 곤두박질칠 테지. 게다가 신랑 신부의 체면은 뭐가 되겠나? 아마 다시는 우리를 찾지도, 누구에게 소개해주지도 않을 걸세. 결국 피해는 고스란히 우리에게 돌아오게 되어 있어."

매일 똑같은 일이 반복되면 지루해지기 쉽다. 그러다 보면 누구나 대충대충 넘기고 싶은 유혹에 빠지기 마련이다. 제빵사가 하루에 백 개가 넘는 식빵을 만들다 보면 그 중 하나 정도 불량품이 나올 수도 있다. 옷가게 주인이 하루에 옷을 백 벌 팔다 보면 그 중 바느질이 제대로 되지 않은 옷이 하나 정도 나올 수 있다. 그러나 집 짓는 사람이 지은 집 백 채 중 한 채가 부실공사이고, 의사가 백 명을 수술했는데 그 중 한 명이 의료사고를 당했다면 어떻게 될까? 백 번 중 딱 하나가 바로 사람의 생명과 직결되는 엄청난 결과를 낳을 수 있다.

사소한 일 속에 마귀의 계략이 숨어 있다는 말이 있

다. 바꿔 생각하면 사소하다고 생각되는 일 속에 성공의 열쇠가 숨겨져 있는지도 모른다.

얼핏 중요하지 않아 보이는 작고 사소한 일이 성공을 좌우하는 관건이 되기도 한다. 작은 일 하나도 놓치지 않으려고 노력하다 보면 그만큼 성공에 가까워진다.

휴식은 충전이다

휴식이 반드시 영혼을 충만하게 만들어주는 것은 아니다.
하지만 휴식을 통해 우리는 평온을 얻을 수 있다.
키케로

어느 시골에 양계장을 하는 두 사람이 있었다. 그 중 한 사람이 갑자기 닭 키우는 방식을 바꿨다. 그는 닭들을 좁은 우리에 가둬두는 대신 넓은 농장에 자유롭게 풀어놨다. 그 결과 암탉이 낳은 달걀이 더 커지고 맛도 한층 좋아져 수입도 점점 늘어났다.

다른 양계장 주인이 그걸 보고 가만있을 리 없었다. 그 역시 똑같은 방법으로 농장에 울타리를 치고 닭을 방목했다. 그런데 순간 번뜩이는 아이디어가 그의 뇌리를 스쳤다. '닭이 많이 움직여서 달걀 품질이 좋아졌다고? 옳거니! 그럼 암탉의 운동량을 저 집보다 더 늘리면 더 크고 좋은 알을 낳지 않겠어?'

남자는 닭을 방목하고, 그 안에 개 한 마리를 풀어

놓았다. 개는 닭을 보자 흥분해 이리저리 쫓아다녔고, 닭들은 종일 개를 피해 뛰어다니느라 정신이 없었다. 남자는 흡족한 미소를 지었다.

이웃 양계장 주인이 그 모습을 보다 못해 물었다.

"왜 닭 옆에 개를 가져다놨어?"

"자네가 신경 쓸 일이 아니야."

남자는 이웃 남자가 자기 방법을 따라 하기라도 할까 봐 전전긍긍했다.

그런데 며칠이 지나도록 암탉은 알을 낳을 기미를 보이지 않았다. 며칠이 더 지나 간신히 몇 개를 낳기는 했지만 다 조그만 것들뿐이라 제값을 받지도 못했다.

남자가 시름에 잠겨 있을 때 이웃 양계장 주인이 다시 찾아와 물었다.

"이봐, 대체 닭이랑 개를 왜 함께 키우는 거야?"

"그냥!"

남자는 귀찮다는 듯 대충 대답했다.

"내가 자네 생각해서 한마디만 하고 갈게. 당장 개를 닭 옆에서 치워. 개가 밤낮으로 괴롭히니 닭들이 쉬지 못해서 알을 못 낳는 거야, 이 사람아!"

남자는 그 소리에 정신이 번쩍 들었다. 그는 서둘

러 개를 다른 곳으로 옮겼다. 하지만 때가 너무 늦었는지 닭들은 얼마 지나지 않아 거의 절반 이상이 시름시름 앓다가 죽고 말았다.

현대를 살아가는 사람들은 늘 바쁘다는 말을 입에 달고 산다. 더 끔찍한 일은 우리 스스로 바쁜 일상에 중독되어 다른 사람 역시 똑같이 바쁘게 살기를 강요한다는 것이다. 이것은 어린아이에게도 예외가 아니다. 아이들은 학교 수업이 끝나자마자 학원가를 돌며 공부를 하고, 모처럼의 휴일도 스케줄이 빼곡하게 차 있다. 이래서야 놀 시간이 있기나 할까?

얼마 전에 신문에서 일곱 살짜리 미국 아이에 관한 기사를 본 적이 있다. 아이는 학습 장애가 있어 학교에서도 손을 들었다. 심지어 교사들조차 부모에게 학교를 포기하라고 권할 정도였다. 이 아이는 학교 수업에 전혀 흥미가 없었다. 종일 놀 생각만 하고, 특히 어른들이 장사하는 모습을 흉내 내며 노는 것을 좋아했다. 어느 날, 아이가 갑자기 부모를 졸랐다.

"엄마, 아빠! 나 아이스크림 가게 할래!"

보통의 부모라면 고개를 가로저으며 한숨을 내쉬

었을 것이다. 하지만 이 아이의 부모는 그 말에 귀를 기울였다. 그리고 아이가 노점상을 열 수 있도록 허가증을 받아주었고, 심지어 대학에서 개설한 관련 과정을 들을 수 있도록 도와주었다.

얼마 후 이 일곱 살 아이의 아이스크림 가게가 마침내 문을 열었다. 처음에는 애들 장난처럼 보였지만 두 달이 지나면서 수익이 생겼고, 그 금액이 무려 9천 달러에 달했다. 그리고 아이는 이 일을 통해 돈으로 얻을 수 없는 귀한 것을 얻을 수 있었다. 바로 자신감이다.

휴식은 내일을 위한 충전이다. 남들보다 한 템포 느리게 간다고 해서 인생이 실패하는 것은 아니다. 적절한 휴식은 삶의 활력을 불어넣고 영혼의 긴장을 이완시켜주는 역할을 한다. 그리고 이런 여유가 새로운 아이디어를 충전해주기도 한다.

휴식과 놀이는 '시간 낭비'가 아니다. 제대로 놀 줄 알아야 스트레스가 풀리고, 그 속에서 새로운 흥미와 잠재 능력을 발견할 수도 있다. 그런데 이런 좋은 것을 굳이 마다할 필요가 있을까?

분노 다스리기

분노는 입을 열게 하는 대신 눈을 멀게 한다.
그리스 격언

어느 마을에 아주 기골이 장대한 남자가 살았다. 그는 성격이 포악해서 아무도 근처에 얼씬도 하지 않으려 하는 악질이었다. 그러거나 말거나 그는 세상에서 자기가 가장 힘이 세다고 여기며 온갖 못된 짓을 일삼았다.

어느 날 신이 그의 앞에 나타나 한숨을 내쉬면서 말했다.

"정말 안타깝구나! 네가 세상에서 가장 힘센 사람이 될 수 있었는데 딱 한 가지가 모자라……."

"딱 한 가지요? 그게 뭡니까? 어서 말씀해주세요! 제가 어떻게 해야 합니까?"

"마을 북쪽에 하늘 높이 치솟은 산을 찾아가보아

라. 신들의 산이라 부르는 곳이니라. 지금까지 그곳 정상까지 올라간 사람이 단 한 명도 없었다. 만약 네가 그곳에 오르면 세상에서 가장 힘이 센 사람이라 할 수 있으리라."

남자는 당장 산으로 향했고 긴 여정 끝에 마침내 신의 산에 도착했다. 하지만 산이 워낙 험난해 산행이 생각처럼 쉽지 않았다. 엎친 데 덮친 격으로 갑자기 큰 곰 한 마리가 불쑥 튀어나와 그를 공포로 몰아넣었다. 그는 죽을힘을 다해 주먹을 휘둘러 곰을 쫓아냈다.

남자는 다시 힘을 내서 산을 올랐다. 그런데 이번에는 거대한 용이 나타나 그를 향해 불을 뿜었다. 남자는 검을 뽑아 힘껏 휘두르며 용을 물리쳤다.

드디어 눈앞에 정상이 보였다. 남자는 남은 힘을 다 긁어모아 정상을 향해 달렸다. 그런데 얼마 못 가 무언가에 발이 걸려 풀썩 넘어지고 말았다. 일어나 확인해보니 양가죽으로 만든 낡은 자루였다.

남자는 욕설을 퍼부으며 그 자루를 발로 찼다. 그러자 자루가 두 배로 부풀어 남자의 앞길을 가로막았다. 화가 난 남자는 다시 자루를 발로 차며 화풀이를 했다. 그런데 그럴수록 자루는 점점 부풀어 올랐고, 어느 순간 펑! 하고 터져버렸다. 남자는 그 자리에서 정신을 잃었다.

정신을 차리고 보니 산 밑이었다. 이때 다시 신이 그의 앞에 나타났다.

"그따위 자루 하나가 내 앞길을 가로막을 줄 몰랐습니다. 그것이 신의 보물입니까?"

신이 고개를 가로저으며 대답했다.

"그 자루는 내 보물이 아니라 바로 네 것이니라."

"네? 전 그런 물건을 가져본 적이 없습니다."

"사실 그 자루는 줄곧 네 마음속에 머물러 있었느니라. 네 화가 그것을 크게 만든 거지."

분노는 참 희한한 감정이다. 건드리면 부풀어오르고, 무시하거나 잊고 있으면 그 존재감조차 잊고 만다.

친구와 함께 식당에 밥을 먹으러 갔을 때의 일이다. 옆 테이블에 앉은 남자의 목소리가 커도 너무 컸다. 친구의 말소리조차 잘 안 들릴 정도였다.

내가 자꾸 짜증을 내자 친구가 웃으며 말했다.

"네가 참아. 오랜만에 만나서 식사하는 거잖아. 괜히 저 사람 때문에 기분 잡치지 말자. ……그래도 도저히 못 참겠으면 직접 가서 목소리 좀 낮춰달라고 부탁해봐. 우리가 짜증낸다고 저 사람이 알아주는 것도 아니잖아."

듣고 보니 일리가 있는 말이었다. 나는 용기를 내 목소리 좀 낮춰달라고 그에게 부탁을 해봤다. 그랬더니 남자가 너무 미안해하며 사과를 해왔다.

1분 전까지만 해도 세상에서 가장 매너 없는 사람이었는데 사과를 받고 나자 미워하던 마음이 눈 녹듯 사라졌다. 한 시간 후 식당을 나설 때쯤에는 내가 화냈다는 사실조차 까맣게 잊어버렸다.

분노는 당사자의 기분만 엉망으로 만들 뿐 그 어떤 문제도 해결할 수 없다. 그런데 우리는 왜 이런 분노에 휘둘리는 것일까?

생활 속에서 벌어지는 크고 작은 일들이 우리의 분노 게이지를 높일 때가 있다. 그런데 곰곰이 따져보면 화를 낸다고 문제가 해결된 적이 과연 몇 번이나 있을까? 심지어 화를 낼수록 문제가 더 꼬이는 경우도 있다. 그런데도 계속 화를 내야 할까?

나에게 맞는 옷

자신을 아는 것만큼 귀한 지식은 없다.
그리스 격언

세상에서 가장 위대한 지자(智者)로 추앙받는 랍비가 있었다. 그런데 이 남자는 심하게 등이 굽은 꼽추였고, 얼굴은 온통 얽은 자국투성이였다.

그의 명성은 왕궁에서도 자자했다. 대신들은 그에게 왕의 충신이 되어줄 것을 간청했다. 하지만 그의 마음을 움직이기가 쉽지 않았다. 그래서 그들은 그를 궁으로 초대해 산해진미를 대접하고 자연스럽게 왕과 만날 수 있도록 자리를 마련했다.

연회 분위기가 무르익을 때쯤 왕이 모습을 드러냈다. 그런데 왕은 랍비를 보자마자 대놓고 웃으며 그의 외모를 비하했다.

"이 나라에서 가장 똑똑하다는 사람의 모습이 어찌

이리 추하단 말이냐? 그딴 상판을 가지고 이 궁에 들어와 나를 위해 일을 하겠다고?"

참을 수 없는 모욕이었지만 랍비는 화를 내기는커녕 웃으며 대답했다.

"왕께서 저를 적임자로 생각하지 않으시면 그리 알고 돌아가겠나이다. 하온데…… 소인이 청이 하나 있습니다."

"그래? 어디 한번 들어나 보자."

랍비는 탁자 위에 놓인 술항아리를 가리켰다.

"궁 안은 온통 황금빛으로 화려한데 유독 이 술항아리만 진흙으로 빚어졌으니 영 격조에 맞지를 않습니다. 왕실의 술이라면 당연히 금 항아리에 담아야지요."

왕은 고개를 끄덕이며 당장 금 항아리를 만들라고 명했다.

얼마 후 궁으로 외국 사절단이 찾아왔다. 왕은 연회를 열고 금 항아리에 술을 담아 상 위에 올리라 일렀다. 그런데 이게 웬걸. 왕은 술을 마시다 말고 버럭 화를 냈다.

"술맛이 왜 이 모양이냐? 당장 그 랍비 놈을 잡아오너라!"

랍비가 왕 앞에 끌려오자 왕이 호통을 쳤다.

"네놈이 감히 왕을 농락해? 도대체 왜 금 항아리에 술을 담으라 했느냐?"

랍비는 침착하게 그 이유를 설명했다.

"흙으로 빚은 항아리가 비록 보잘것없지만 귀한 술을 담아두기에 이보다 적합한 것이 없지요. 허나 금으로 만든 항아리는 보기에 화려하고 아름답지만 귀한 술이 금세 변질되고 맙니다. 왕이시여! 아주 귀한 물건도 때로는 보잘것없는 항아리에 담아두는 것이 더 나을 때가 있는 법이지요. 그런데 왕께서는 어찌 외모로만 신하를 뽑으려 하십니까?"

그제야 왕은 랍비의 가르침을 깨닫고 고개 숙여 사과했다. 그 후 랍비는 왕의 둘도 없는 충신이 되어 나라를 위해 일했다.

흙으로 빚은 항아리가 얼핏 보잘것없고 초라해 보일지 모르지만 술을 담아두기에 이만한 것이 없다. 반면에 금으로 만든 항아리는 비싸고 아름다워 보이지만 술을 담아두기에는 적합하지가 않다. 이것은 어떤 항아리가 더 좋으냐 나쁘냐 하는 얘기가 아니다. 어떤 조건에 적합한지 부적합한지를 따지는 것이다.

공부를 아주 잘하는 남학생이 있었다. 이 아이는 시험을 볼 때마다 1등을 놓친 적이 없었다. 대학입시가 다가오자 가족은 아이의 꿈과는 상관없이 무조건 의대 진학을 밀어붙였다.

그런데 문제는 그 후부터였다. 이 남학생은 의대를 다니기에는 성격이 너무 여리고 감수성이 예민했다. 해부학 시간에는 피를 보자마자 기절했고, 병원에 취직해서도 환자들의 고통과 죽음을 감당하지 못해 매일 눈물로 세수를 할 정도였다. 그러다 보니 우울증이 찾아오기까지 했다.

결국 그는 과감하게 병원을 그만두고 디자인을 공부하기 위해 유학을 떠나기로 했다. 가족들에게는 청천벽력 같은 통보였다. 부모가 불같이 화를 냈다.

"남들은 의사가 못 돼서 안달인데 그걸 그만둬? 네가 미치지 않고서야 이럴 수는 없다!"

의사라면 누구나 선망하는 직업이니 부모 말이 틀린 것도 아니다. 다만 아들에게는 그 옷이 맞지 않았을 뿐이다.

우리 사회에는 돈, 명예, 사회적 지위 등 모두가 선망하는 가치가 수도 없이 많다. 사람들은 그것을 좇으며 욕구를 채워나간다. 그리고 이런 가치를 두고 좋은지 나쁜지를 따지는 이분법적 사고는 의미가 없다. 그것이 우리에게 어울리고 적합한지 여부가 중요하다. 자신에게 충실하면서 자기의 목표와 가치에 적합한 것을 찾아냈을 때 우리는 비로소 자신감을 얻고 행복해질 수 있다.

우리 사회에는 '사회적 조류'란 것이 참 많이도 존재한다. 이것을 좇지 않으면 사회에서 도태되는 것 같지만 그렇다고 그런 조류가 모두 나에게 맞는 것은 아니다. 나에게 전혀 맞지 않는다면 그것을 손에 넣었다 해도 고통만 가져다줄 뿐이다. 행복은 소신대로 사는 사람에게 따라오는 선물 같은 것이다.

고인 물은 썩는다

노력에는 반드시 그 이상의 보상이 따른다.

윌리엄 제임스(미국의 심리학자, 철학자)

어릴 때부터 절에서 무술을 연마한 스님이 있었다. 그는 재능을 타고나기도 했지만 하루도 수련을 거른 적이 없었다. 그런데 최고 경지를 눈앞에 두고 영 진전이 없어 고민이 이만저만이 아니었다.

어느 날 저녁, 무도승의 꿈에 새하얀 수염을 길게 늘어뜨린 신선이 나타나 말했다.

"톈야(天涯)라는 고산에 가면 무림비급이 있느니라. 그 비급을 손에 넣은 사람은 무림의 최고수가 될 수 있지!"

무도승은 꿈에서 깨자마자 간단하게 행장을 꾸려 절을 나섰다. 그는 3년에 걸친 모진 고생 끝에 마침내 톈야에 도착할 수 있었다. 하지만 무림비급은 그곳에 없었다.

무도승은 참담한 마음으로 산에서 밤을 보냈다. 그날 밤, 신선이 또다시 그의 꿈에 나타났다.

"지난번에 내가 잘못 알려준 듯하구나. '하이자오(海角)'라는 이름의 해안에 가보아라. 그곳에 무림비급이 있을 것이다."

다음날 무도승은 서둘러 바다로 향했다. 이번에도 족히 3년의 시간이 걸려서야 신선이 알려준 해안에 도착할 수 있었다. 그렇지만 지난번과 마찬가지로 무림비급을 찾을 수가 없었다. 무도승은 해안가에 앉아 허탈한 마음으로 망망대해를 바라보았다. 이때 그곳을 지나가던 어부가 무슨 일로 이렇게 외진 곳까지 찾아왔느냐고 물었다. 무도승은 자포자기하는 심정으로 자신의 꿈 이야기를 들려주었다.

그러자 어부는 코웃음을 치며 말했다.

"스님! 그걸 정말 믿으셨소? 무림비급이 이렇게 외지고 보잘것없는 마을에 숨겨져 있을 리 없지요. 게다가 그런 비슷한 이야기는 저도 많이 들어봤소이다. 예전에 들은 얘기인데 어떤 절의 백 년 된 소나무 밑에 무림비급이 숨겨져 있다고 합디다. 근데 그런 황당한 얘기를 진짜로 믿는 사람이 누가 있겠소?"

무도승은 그 이야기를 듣자마자 모래사장에서 벌떡 일어나 떠날 채비를 했다. 어부가 말한 절이 바로 그가 수행하던 절이었기 때문이다.

무도승은 서둘러 절로 돌아가 소나무 밑을 팠다. 과연 신선이 알려준 무림비급이 그 안에 숨겨져 있었다. 그날부터 무도승은 무림비급을 연마해 그토록 원하던 최고 경지에 오를 수 있었다.

그를 시기하던 스님들이 비웃으며 말했다.

"그걸 얻기 위해 몇 년의 시간을 낭비했다 들었습니다. 바로 코앞에 있었는데 말입니다. 그 시간이 아깝고 억울하다는 생각은 안 드십니까?"

그러자 무도승은 웃으며 대답했다.

"내게 그런 시간이 없었다면 영원히 그 답을 찾지 못했을 겁니다."

영국에 남편과 이혼하고 홀로 아이를 키우는 여자가 있었다. 그녀는 매일 잠자리에 들기 전에 아이에게 자신이 만든 이야기를 들려주곤 했다. 그러던 어느 날 그녀는 그 이야기를 엮어 책을 만들어보기로 했다.

그녀는 완성된 원고를 들고 출판사를 찾아다녔다. 하지만 선뜻 받아주는 출판사가 단 한 군데도 없었다. 심지어 원고 내용을 비하하는 말까지 들었다. 그래도 그녀는 포기할 수 없었다. 자기 작품에 대한 믿음이 있었기 때문이다. 그렇게 몇 년의 시간이 흐르고 나서야 마침내 한 작은 출판사에서 출판을 제의해왔다.

당시 그녀는 이 일로 자신의 인생이 완전히 뒤바뀔 거라고는 생각조차 하지 못했다. 소설은 출간되자마자 세계적인 베스트셀러가 되었고, 영화로도 만들어졌다. 그 후 그녀는 영국에서 가장 돈을 잘 버는 작가 대접을 받고 있고, 영국 여왕보다 많은 세금을 내는 것으로도 유명하다. 그녀가 바로 해리 포터 시리즈의 저자 조앤 K. 롤링이다.

만약 그녀가 출판사들의 문전박대에 좌절하고 포기를 선택했다면 단 한 발의 차이로 성공의 문턱을 밟지 못했을지 모른다.

성공으로 통하는 길은 무척이나 멀고 험난하다. 때로는 간신히 그 길 끝에 도달했다고 생각했는데 갑자기 또 다른 구불구불한 산길이 눈앞에 펼쳐지기도 한다. 간혹 운이 좋으면 신께서 우리에게 성공으로 곧장 통하는 길을 알려줄지도 모른다. 그러나 우리가 그 길에서 게으름을 피우고 앞으로 나아가지 않는다면 아무리 좋은 길이라 할지라도 영원히 그 끝에 도달할 수가 없다. 성공을 위해 절대 없어서는 안 될 조건을 대라면 그것은 바로 계속 앞으로 나아가는 것이다.

인생의 여정에서 앞으로 나아가지 않고 계속 게으름을 피운다면 어떻게 될까? 성공까지 고작 한두 걸음 남겨놓았어도 절대 도달할 수 없다. 노력과 끈기의 끈을 놓지 않고 앞으로 나아가다 보면 성공이 우리 곁에 너무나 가까이 있었다는 것을 깨닫게 될 것이다.

시련은 뿌리를 강하게 키우는 비료

불행을 겪어보지 못한 사람만큼 불행한 사람은 없다.
그는 자신의 능력을 검증할 기회를 박탈당했기 때문이다.
세네카

한 젊은이가 있었다. 그는 직장을 다니면서 취미 삼아 마당에 텃밭을 일구고 채소 모종을 심었다. 그런데 이상하게 아무리 정성을 쏟아도 제대로 자라지를 않았다.

그래도 그는 포기하지 않고 다시 한 번 모종을 심었다. 다 심은 후 물뿌리개를 들고 물을 주려는데 갑자기 옆집 할아버지가 담장 너머로 고개를 내밀며 한 소리를 했다.

"이봐! 젊은이! 그런 식으로 하면 백날 해도 안 돼. 내가 방법 하나 알려줄까? 이제 모종을 다 심었거든 더 이상 신경 쓰지 말고 집에 들어가서 푹 쉬게. 물은 절대 주지 말고!"

젊은이는 반신반의했다. 하지만 달리 뾰족한 수도 없어 할아버지의 말대로 한번 해보기로 했다.

며칠 동안 젊은이가 물을 주려고 할 때마다 언제 나타났는지 할아버지가 그를 말렸다.

"조금만 더 기다려보게. 아직 물을 줄 때가 아냐."

애써 심은 채소 모종이 시들시들 죽어가는 모습을 지켜보고만 있자니 젊은이의 마음이 조급해졌다. 결국 젊은이가 참지 못하고 물뿌리개를 들었다 싶으면 어김없이 할아버지가 어디선가 나타나곤 하는 일이 거듭됐다. 그러던 어느 날, 그가 물을 주려 하는데도 할아버지가 말리지 않는 것이다.

"음, 이제 됐어. 물을 줘보게."

이날 저녁 퇴근해 돌아온 젊은이는 마당을 들어서는 순간 눈을 의심했다. 아침만 해도 다 시들어가던 모종이 파릇파릇 살아나 그새 한 뼘은 자란 것 같았다.

몇 달 후 젊은이는 텃밭에서 거둔 채소와 열매를 바구니에 가득 담아 할아버지를 찾아갔다. 그리고 거듭 고맙다고 인사를 드리고는 궁금하던 것을 물었다.

"할아버지, 모종을 심고 나서 왜 물을 못 주게 막으셨어요? 전 모종이 다 말라죽는 줄 알았어요. 근데 한

참 후에 물을 주고 나니까 모종이 다시 살아나더니 아주 잘 자라더라고요. 도대체 왜 그런 거죠?"

"모종을 심자마자 물을 주면 뿌리가 땅속 깊이 자리를 잡지 못한다네. 그러면 자연히 제대로 자라지 못하게 되지. 그런데 물을 주지 않으면 모종의 뿌리가 수분을 찾아 땅속 깊이 파고들어가게 돼. 뿌리가 자리를 잘 잡으면 수분과 양분을 흡수하는 능력도 좋아져서 아주 잘 자라게 된다네."

노인은 껄껄 웃으며 한 수 가르침을 주었다.

"모종을 심는 일은 사람의 인생과 별반 다르지 않다네. 고생을 해봐야 더 강해지는 것처럼 말일세."

예전에는 아무리 못살아도 자식만큼은 고생시키지 않으려는 부모들이 많았다. 그런데 요 몇 년 사이에 정반대의 교육관이 고개를 들고 있다. 즉, 아무리 부자라도 아이만큼은 가난하게 키워야 한다는 것이다. 부족한 것 없이 편하게 자란 아이는 교만하고 이기적으로 자라는 반면에 가진 것의 소중함을 아는 아이는 감사하며 나눌 줄 알기 때문이다. 듣고 보니 참 일리가 있는 말인 듯하다.

한 젊은이가 음악을 너무나 좋아해 자신만의 작은 음악 공간을 만들었다. 그는 그곳에서 창작 활동을 하며 자신을 찾는 곳이라면 어디든 달려가 연주하고 돈을 벌고 싶었다. 하지만 찾아주는 이가 없다 보니 생계를 이어가기도 힘들 지경이었다. 그는 할 수 없이 신문에 광고를 내고 적극적으로 일거리를 찾았다. 그리고 자신을 불러주는 곳이라면 그곳이 어디든, 보수가 얼마든 상관없이 닥치는 대로 일을 했다.

그렇게 노력한 덕에 인맥과 경험이 쌓이고, 그동안 작곡한 작품도 점점 많아졌다. 그러던 어느 날 드디어 기회가 찾아왔다. 텔레비전 광고에 들어갈 이미지 송을 만들어달라는 의뢰를 받은 것이다. 그 일로 실력을 인정받고 나자 다른 방송국에서도 그를 찾는 일이 많아졌다. 그 후 그는 유명세를 타기 시작했고, 수상 경력도 화려해졌다.

이 젊은이가 바로 피터 버핏이다. 그리고 그의 아버지는 주식의 신이자 세계 최고의 갑부로 불리는 워런 버핏이다.

투자자 워런 버핏은 아들의 창업 밑천으로 최소한의 돈을 대주었다고 한다.

"이 정도면 네가 어떤 일을 시작하기에 충분한 돈이다. 하지만 네가 아무 일도 하지 않고 빈둥빈둥 지낸다면 이 돈이 부족하게 느껴지겠지. 피터, 내가 너에게 주는 돈은 이것이 마지막이라는 것을 명심해라. 난 너에게 유산도 남겨주지 않을 생각이다."

아마도 워런 버핏은 아들이 스스로 삶을 헤쳐나가며 그 속에서 귀한 경험을 얻기를 바랐을 것이다.

인생에 시련이 찾아왔다면 그것은 바로 우리가 땅속 깊이 뿌리를 내릴 때가 왔다는 신호다. 그리고 이 시간이 지나면 우리의 인생이 더 튼튼하게 자리를 잡고 세상을 향해 쑥쑥 뻗어나갈 것이다.

살다 보면 맞닥뜨리게 되는 시련이 우리를 괴롭히고,
심지어 죽고 싶다는 극단적인 생각까지 하도록
만들기도 한다. 그럴 때 시련을 인생의 촉진제라고
생각해보는 것은 어떨까? 그 촉진제 덕에 우리가 더
강해지고, 그것을 통해 얻은 경험과 지혜가 우리의
미래를 더 풍요롭게 할 것이다.

뱀 두 마리의 생존기

전후 사정을 명확히 파악하는 것이 지혜의 시작이다.

파시키비(핀란드의 정치가)

숲과 숲을 잇는 좁은 오솔길로 매일 많은 사람이 오고 갔다. 그런데 이 숲에서 사는 동물들, 특히 뱀들은 그 길이 죽음의 함정 같아 두렵기만 했다. 뱀이 지나가는 것만 봐도 행인들이 돌로 쳐 죽였기 때문이다. 그래서 뱀들은 점점 이 길을 꺼렸다.

어느 찌는 듯이 무더운 여름날 크고 작은 뱀 두 마리가 이 길을 건너 맞은편 숲에 있는 연못으로 물을 마시러 가고 싶어졌다. 다른 뱀들이 하나같이 그들을 말렸다.

"이봐, 그건 너무 위험해! 만에 하나 사람들 눈에 띄기라도 하면 그걸로 끝장이야!"

큰 뱀은 그 말이 그럴싸했는지 주저하는 기색이 역

력했다. 그런데 작은 뱀이 다가와 귓속말을 하자 힐끗 서로 눈을 마주치며 고개를 끄덕였다. 잠시 후 뱀 두 마리는 괴이한 행동을 하기 시작했다. 큰 뱀이 작은 뱀을 등에 업고 오솔길로 기어간 것이다.

오솔길에 이르러보니 하필이면 바로 그때 농부들이 무리를 지어 걸어오고 있었다. 그들은 길에 나와 있는 뱀 두 마리를 보자마자 호미를 들고 달려들었다. 수풀 속에 숨어 이 광경을 지켜보던 뱀들은 너무 놀라 눈을 질끈 감아버렸다. 다들 두 친구가 죽은 목숨이라고 단정했다.

그런데 이상한 일이 벌어졌다. 달려들던 농부들이 뱀을 죽이기는커녕, 걸음을 멈추고 둘러서서 서로 수군거리는 게 아닌가. 그리고 잠시 후 그들은 뱀을 위해 길을 열어주었고, 심지어 어떤 사람은 무릎을 꿇고 절을 하기까지 했다.

저녁 무렵 뱀 두 마리는 다시 친구들이 있는 숲 속으로 돌아왔다. 다들 그들에게 몰려가 어떻게 된 일인지 물었다.

"오늘 인간들이 왜 공격을 하지 않았지? 게다가 너희한테 잘해주기까지 했잖아. 도대체 왜 그런 거야?"

"인간들 눈에 우리가 신기해 보인 거야. 뱀 두 마리가 겹쳐서 기어가니까 신령스러운 동물이 나타났다고 호들갑을 떨며 절까지 하더라고."

작은 뱀이 한숨을 내쉬며 말했다.

"인간은 정말이지 겉모습에 너무 쉽게 현혹되는 것 같아. 진짜 어리석지 않아?"

얼마 전에 과학자들이 흥미로운 연구결과를 발표했다. 그들은 시중에 팔리고 있는 화장품들을 분석했다. 고가의 명품 브랜드 크림부터 가장 저렴한 크림까지 다양한 제품이 실험 대상이 되었다. 그런데 전자의 보습 효과가 후자보다 못하다는 놀라운 실험 결과가 나왔다.

그렇다면 왜 사람들은 비싼 돈을 주며 명품 브랜드 화장품을 쓰려고 하는 것일까? 사실 그들은 화장품 자체가 아니라 그 브랜드가 주는 이미지에 더 끌리는 것이다. 소비자는 업체의 광고에 등장하는 모델을 보며 대리만족을 느끼고 싶어 한다.

사람들은 제품을 소비할 때 만들어진 '가짜 이미지'에 쉽게 빠져든다. 그것과 마찬가지로 인생에서 중요한 결정을 해야 할 때도 늘 '허상'에 질질 끌려다니곤 한다.

한 친구가 오랫동안 교제한 남자와 결혼을 결심했다. 그때부터 두 사람은 결혼식 준비에 여념이 없었다. 그런데 이것이 불화의 씨앗이 되었다. 결혼 사진 촬영에서부터 청첩장, 혼수, 피로연 등에 이르기까지 어느 것 하나 의견이 맞지 않았던 것이다. 두 사람의 말다툼에 가족까지 휘말리면서 결국 파혼이라는 극단적인 선택을 하게 되었다.

나중에 친구는 나를 찾아와 쌓인 설움을 쏟아냈다. 그녀는 일생에 한 번밖에 없는 결혼을 남부럽지 않게 치르고 싶었단다. 그때 그녀를 위로하며 문득 생각했다. 우리는 왜 '평생 한 번뿐인 결혼'이라는 말에 집착하는 것일까? 그녀 역시 이 말에 너무 얽매이다 결국 결혼 자체가 어그러지고 말았다. 결혼은 분명 '인륜지대사'이다. 남녀가 평생을 함께할 짝을 찾아 가정을 이루고 새로운 출발을 하는 날이자 두 집안의 결합이다. 그런데 우리는 한 번뿐인 결혼식을 최고로 치르고 싶은 욕심이 앞서 결혼의 진정한 의미를 놓치고 있는 듯하다.

살다 보면 허상에 눈이 멀어 잘못된 판단을 하는 경우가 종종 생긴다. 이럴 때 조금만 더 이성적으로 생각했다면 지혜의 눈이 뜨이지 않았을까?

허상처럼 무서운 것이 없다. 그것 때문에 우리의 두 눈이 멀고, 주객이 전도되는 결과가 생기기도 한다. 이런 함정에 빠지지 않으려면 어떻게 해야 할까? 좀 더 냉정하고 이성적인 눈으로 돌아가는 상황을 한 번 더 살펴보는 여유를 가져보자.

행복은 스스로 찾는 것!

별 탈 없이 만족하며 사는 것이 행복이다.
중국 격언

한 부자 노인이 있었다. 그는 돈은 많았지만 사는 것이 무료하고, 심지어 평생 행복한 감정을 느껴본 적이 없었다.

그래서 노인은 자신을 행복하게 만들어주는 사람에게 가진 재산을 모두 주겠다고 선포했다. 그날부터 그는 돈 자루를 곁에 두고 도전자를 기다렸다.

소문은 삽시간에 퍼졌고 드디어 사람들이 그의 집을 찾아오기 시작했다. 첫 번째 사람은 구하기 힘들다는 진귀한 음식을 가져와 노인 앞에 내놓았다. 하지만 노인은 아무런 감흥을 느끼지 못했다. 또 누군가는 절세미녀를 데려와 춤과 노래로 흥을 돋우었지만 노인은 너무 무료한 나머지 꾸벅꾸벅 졸기까지 했다.

마지막으로 한 스님이 찾아왔다. 그는 보리수 한 그루를 가리키며 노인에게 말했다.

"어르신이 행복해질 수 있는 비결은 사실 저 나무 밑에 있습니다. 하지만 그것을 얻고 싶으시면 반드시 제 말을 따르셔야 합니다."

"내가 어찌하면 되오?"

"저 나무 밑에서 하룻밤 동안 좌선을 하십시오."

노인은 어이가 없어 콧방귀를 뀌었다. 그러나 달리 할 일도 없다 보니 못 이기는 척 한번 해보기로 했다.

밤이 깊도록 나무 밑에서 좌선을 하자니 터져나오는 하품을 참을 수가 없었다. 깜빡 잠이 들려는 바로 그때 복면을 쓴 남자가 번개같이 나타나 노인의 돈 자루를 들고 도망쳤다. 노인은 죽을힘을 다해 그의 뒤를 쫓았지만 아무리 해도 잡을 수가 없었다. 그는 숨이 턱까지 차 바닥에 털썩 주저앉으며 혼잣말을 했다.

"내 돈을 찾을 수만 있다면 얼마나 행복할까!"

노인의 말이 끝나기 무섭게 방금 돈을 들고 도망쳤던 남자가 다시 돌아왔다. 그의 손에는 무시무시한 칼이 들려 있었다. 남자는 노인을 밀쳐 쓰러뜨리며 섬뜩한 목소리로 말했다.

"아무래도 널 죽여 입을 막아야 안심이 되겠어!"

강도는 칼을 번쩍 들어 노인의 목을 향해 내리치려 했다. 노인은 극도의 공포 속에서 아예 눈을 질끈 감아 버렸다.

그런데 다음 순간 아무 일도 벌어지지 않았다. 겁에 질린 노인이 덜덜 떨며 실눈을 떠보니 복면을 벗은 남자의 얼굴이 보였다. 그 순간 노인의 눈이 휘둥그레졌다. 그는 바로 자신을 찾아왔던 스님이었던 것이다.

노인은 자기 목을 더듬어보며 안도의 한숨을 깊이 내쉬었다.

"하, 안 죽었어! 살아 있어! 부처님! 감사합니다!"

"이제 행복이 어떤 느낌인지 아시겠습니까?"

노인의 입가에 미소가 번졌다. 그는 살아 있다는 것만으로도 이미 충분히 행복한 일임을 깨닫게 된 것이다.

어릴 때부터 우리는 끊임없이 무언가를 좇으며 달려왔다. 학창 시절에는 성적을 좇고, 사회에 나와서는 누구나 부러워할 만한 직장, 돈, 지위를 좇았다. 그러나 그것들이 우리에게 주는 행복은 너무 짧게 끝나버린다. 영원히 만족을 모르고 더 좋은 것, 더 많은 것을 원하는 괴물이 우리 안에 있기 때문이다.

한 남자가 랍비를 찾아가 진정한 행복이 무엇인지 물었다. 그런데 랍비가 그에게 반문했다.

"당신은 자신이 언제 걸음마를 배웠는지 아직 기억하오?"

"에이, 그걸 어떻게 기억합니까? 일반적으로 아이들이 첫돌 무렵에 걸음마를 하니 저도 그렇지 않았을까요?"

"그럼 그때 행복했습니까?"

"그거야 모르죠. 하지만 세상을 향해 첫걸음을 내딛는 순간이었으니 당연히 행복했을 겁니다."

"맞습니다. 얼마나 많이 행복했는지, 얼마나 자주 행복했는지는 중요하지 않습니다. 행복했던 시절을 기억할 수 있느냐 없느냐가 요점입니다."

그렇다. 행복의 관건은 그것을 기억할 수 있느냐에 있다. 그렇지만 인간은 지난 일을 너무나 쉽게 잊어버리는 동물이다. 직장 생활이 힘들면 처음 입사했을 때의 설레던 기분을 잊어버리고, 부부싸움을 벌일 때면 연애 시절의 달콤했던 기억을 잊어버린다. 가족들과 갈등이 빚어지면 함께함으로 행복했던 시간을 잊어버린다.

우리가 가진 모든 것에 감사하고, 그것이 주는 행복을 맘껏 누려보자. 설사 남들보다 가진 것이 적다 해도 세상에서 가장 행복한 사람이 되어 있을 것이다.

세상을 살다 보면 사람, 일, 돈에서 자유로울 수 없다.
그래서 누군가는 그것 때문에 힘들어하고, 또 누군가는
아예 무시하고 세속을 초탈한 사람처럼 살아가기도
한다. 그런데 우리에게는 또 하나의 방법이 있다.
바로 그것을 즐기고 그 속에서 행복을 찾는 것이다.
사실 행복은 늘 우리 곁에 있다. 다만 그것을 발견하는
능력이 우리에게 없을 뿐이다.